【文庫クセジュ】

インターポール

国際刑事警察機構の歴史と活動

マルク・ルブラン著
北浦春香訳

白水社

Marc Lebrun, *Interpol*
(Collection QUE SAIS-JE? N°3250)

目次

「この建造物に生ける者は、世界の平和と安寧に貢献する者である」

（一九八七年七月十八日、リヨンの国際刑事警察機構（インターポール）本部の礎石に刻まれたメッセージ）

はじめに

インターポールという名は誰もが一度や二度は耳にしたことがあるだろう。そのイメージは、世界各地に身を隠している犯罪者を追跡し、逮捕する機関といったところだろうか。インターポールすなわち国際刑事警察機構（ＩＣＰＯ）に関する情報に接する機会が増え、こうしたイメージを抱いたとすれば、それはまったく間違ったイメージを持ってしまったといえよう。不完全な、間違いや誤解に染まった知識であるといってもよい。ここからインターポール賞讃から批判（組織的な攻撃）まで、その役割や成果の過小評価から過大評価まで、両極にわたる様々な反応が生まれる。それでも一部の団体による過剰な反応や計画的な攻撃という若干の例を除けば、派手さには欠けるが実効性あるインターポールは、注目を集めることはあっても、現在他の国際機関のように論争の渦には巻きこまれていない。

こんにちでは、国際情勢や犯罪事情が追い風となり、ＩＣＰＯは発展の一途をたどり、活動は多様化し、その手段も近代化を進めている。こうした動きはこれからも続くであろう。ここで、課題をまとめれば次のようになる。まず、ICPOやその機能・任務・職員についての認識をクリアに整理し、周知をはかること。ICPOは単なる警察の郵便ポストであるとか、全体主義の砦である（確かにこの比喩はまったく根拠がないとはいえない。現在のICPO本部の外観は城塞と見まがうものだからである）といった間違ったイメージを実際の姿に即したものに正すこと。そして、ICPOを国際関係や外交の側面から紹介し、国家および主たる国際機関の協調の一環としてこれを位置づけることである。

第一章では、インターポールの歴史について、その端緒となる計画からリヨンの新庁舎に至るまでを、希望・成功・失敗・論争などさまざまな重要な出来事をたどりつつ概観する。

第二章では、国際犯罪の特質を踏まえながら、国際犯罪分野におけるICPOの発展の条件に焦点をあてる。なかでもテロリズムは、国家の政治問題への介入を危惧しインターポールの活動領域から長く除かれてきたが、一九八〇年代以降は犯罪としての側面が優先する問題だと考えられるようになった。ICPOが直接的・間接的に事件を解決した例や介入を試みた例を通じて、その役割・活動方法・適応性に対する理解を深めるとともに、国際犯罪の発展についても認識を深めることができよう。

第三章では、二十世紀から二十一世紀への変わり目におけるICPOについて、組織としての側面から、本部・事務総局・国際的な常設機関・国家中央事務局などを取りあげて説明を試みた。国家中央事務局については、その形態や国内での重要性などは各国が個別に定めているが、その最後にフランスの国家中央事務局を詳細に紹介することで締めくくりとしている。さらに、国際法および構成員によってインターポールに与えられている職員・任務・手段についても別途説明している。

第四章では、国際システムや主たる国際機関の関係のなかでのＩＣＰＯの地位の変遷、外部との関係（対国家）や内部関係（外交の場としての機構）、そして構成員を統率しようとする事務総局の試みをクローズアップしている。

第一章　組織の誕生からリヨン新庁舎までの道

Ⅰ　幕開け

　十九世紀末、どの国もほぼ例外なく刑事警察機関を擁していた。より効果的な犯罪対策を狙って、警察は従来のデータベースに加え、人体測定（人体やその一部分の測定によって個人を特定する）や指紋鑑定法（指紋による認知）といった科学的な手法を取り入れ、これに成功への期待をかけていた。

　しかし、残念なことに二十世紀に入る頃には、新たな理由で逆風が吹く。犯罪の国際化である。犯罪者は、もはや自国に限らず、大陸さらには世界を股にかけて移動し犯行に及ぶようになった。警察はこうした現象を早くから認識してはいたが、無力さを感じ懸念を抱いていた。無法者にとっては国境がなんら障害とはならないとしても、公的・国家的組織にとっては、その定義からして国境は厳然と存在する。警察の権限は自国領土内にしか及ばず、いかなる場合でも、犯罪者の活動を国境を超えて追跡することはできない。国際犯罪者の追跡で成果をあげようとすれば互いに協力しあう必要がある。そのためには外交ルートを利用すればよいと思われていたが、その限界はすぐに明らかとなった。この方法では時間を食い、情報の漏洩も著しく、それに乗じて逃亡者がまた姿をくらましてしまうことになりかねないうえに、犯罪者を犯罪の行なわれた国に引き渡すことが理論上は可能であるとしても、実際には法や行政上の問題と方法をめぐる問題を解決することが非常に難しかったのである。

こうしたことから、警察は、各国の警察機関のあいだに安定した関係を築き、犯罪抑止の効果をあげたいと考えた。その手段として構想されたのが、世界中の警察機関をメンバーとし、外交や政治による制限から離れて、警察相互の関係を生みだし円滑にする組織であった。さらに、当時の緊迫した国際環境において、こうした組織は、犯罪対策だけでなく、これを通じて世界の安寧に寄与する役割を果たすこともできると考えられたのである。

警察間の世界規模の組織的協力への歩みは少しずつだが進んでいった。一九〇四年五月、ヨーロッパの数カ国が売春婦取引取締りのための国際協定に署名した。ついで、ヨーロッパ・北米・南米の国家警察代表が、第二次大戦前まで各国の首都で何度か会合を持った。同じ頃、一九一〇年五月に、わいせつ刊行物対策のための条約もヨーロッパ諸国のあいだで締結された。一九一一年には、ヨーロッパ数カ国の警察がついに初の国際的警察組織を創設した。業務は連絡報を介して行なわれ、十九世紀に世界をつなぎ平和をもたらすために案出されたエスペラント語が交流を進めるための公用語とされた。

しかし、警察の国際的な連携に向けた大きな一歩は、一九一四年四月十四日から二〇日を会期として、アルベール一世がフランス警察の後押しを得てモナコ市で開催した「第一回国際刑事警察会議」であった。この会議には、ヨーロッパを中心に北米・南米・中近東を含む二四カ国の裁判官・警察官・法律家が集い、パリ大学法学部長を議長として、警察間協力の改善促進のための方策について意見を交わした。そのなかで英国と米国は、ここでは脇役にすぎない裁判官だけを代表として送っており、参加はしているものの疑念と関心の薄さを伺わせた。しかし、ここでの議論はなかなか興味深いもので、壮大かつ現実的に、警察間の連絡システムの構築、国際的なデータバンクの創設、国際的な人相書凡例の確立などを盛り込んだ決議を採択した。これらは、インターポールの柱ともなるものであり、犯罪人引き渡し手続きの標準化を定義したものでもあった。警察間の連絡に使用する言語についてはフランス語となったが、エスペラント語の使用も今後の課題とされた。

この会議では、待望の国際的な警察組織の創設には至らなかったものの、少なくとも机上では事態はかなり進展し、今後の急速な展開を期待させた。一九一六年八月にはルーマニアのブカレストで第二回目の会議が開かれる。ところが、モナコでの会議の二カ月後、一九一四年夏に起こったサラエボ事件が第一次大戦の引き金を引き、警察の夢は突如として露と消えたのである。

しかし、こうした意思と必要性は姿を消したわけではなく、戦争が終わるとまた警察間で接触が始まった。二十世紀の大規模な紛争のあとはいつでもそうであったが、このときも雨後の筍のごとく国際機関が創設された。警察においても意思は同じだった。組織の創設へ決定的な一歩を踏みだす力となったのは、オランダ憲兵隊のヴァン・ホーテン大尉であった。ヴァン・ホーテンは独力でのちのインターポールに結実する構想を抱いた。それは、国際連盟をモデルとし、国際連盟が外交の組織であると同様に、国際的な警察組織は警察に属したものでなくてはならないという原則に基づいたものであった。ヴァン・ホーテンは粘り強く理想的な組織の構想にあたり、方々と接触し、自分の考えを説明して回った。一九一九年十二月十日には、ヨーロッパの警察機関の幹部全員に書簡をしたため、インターポールの原則を書き送る。そのなかでヴァン・ホーテンは、戦争終結後犯罪は勢いを増しており、戦争は犯罪者が他国まで活動範囲を広げるきっかけとなったことを指摘して、早急に組織を創設しなくてはならないと訴えた。さらに、具体的には、のちの国家中央事務局および事務総局となったような機関が必要であること、それぞれの役割、国家中央事務局間の関係や各国の事務局と国際事務局との関係について、説明があった。ヴァン・ホーテンはさらに、連絡報の創刊まで予定していた。ヴァン・ホーテンの構想は見事であり、その組織は（紙の上では）ほぼ完璧なものであって、大枠は現在のＩＣＰＯにそのまま引き継がれている。

しかし、インターポールの本当の生みの親は、ヴァン・ホーテンでもモナコのアルベール一世でもなく、ヴァン・ホーテンの説得に応じた、オーストリア警察長官・ウィーン警視総監、ヨハン・ショーバーであった。ウィーンは、一九一四年の時点では、五〇〇〇万人の人口を擁し、中央ヨーロッパにまたがり二つの海を玄関口とするオーストリア＝ハンガリー帝国の首都であったが、一九一八年になると、かつての帝国の八分の一の領土に六五〇万人が住む小さな内陸国オーストリアの首都にすぎず、政治も社会も動揺し犯罪がはびこっていた。国中が震撼し騒然とするなかで、ショーバーは何度も共産主義革命から国を守り、こうして警察官としての高い名声はもちろん、政治家としても一九二一年から二二年に首相を務めるなど輝かしい経歴を誇っていた。その後、多少行動の自由を得たショーバーは、一九一四年のモナコの会議と同じような会議を開くことを決め、これが国際刑事警察委員会（ＩＣＰＣ）の誕生をもたらすこととなった。この委員会の実効性はともかくとして、警察は国際協力を進めるために、司令塔であり情報の伝達管理の中核ともなる組織を必要としていたし、ショーバーのほうはオーストリアに過去の栄光と影響力を少しでも取り戻し、国内の犯罪対策の一助としたいとも考えていたのである。

関心を高めるのは難しいことではなかった。ヨーロッパ各国の警察機関はこうした会合を待ち受けていたところであったうえに、オーストリア警察には旧オーストリア＝ハンガリー帝国の集めた犯罪情報が残されており、帝国の解体によって誕生した国や領土を拡大した国（ハンガリー・イタリア・ポーランド・

ルーマニア・チェコスロバキア・ユーゴスラビア、そしてイタリアとユーゴスラビアに挟まれ、ほどなくイタリアに併合された小国フィウメ）にとって、その情報はのどから手が出るものであった。この他の招待国に対して印象を強めるために、ショーバーは今回の会議が一九一四年の会議を継承したものだと強調し、モナコでの会議の参加者であったドレスデン警察顧問ロバート・ヘンデルに招待状への連署を依頼した。こうして、一九二三年九月初め、一七カ国から一三八名がウィーンに集まった。しかし、そのうち約半数にあたる七一名はオーストリア人であった。ヨーロッパの国々は、ソビエト連邦と英国（代表を送るほど気乗りしていなかった）などを除いてほとんどが代表を送り、さらにエジプト、米国、中国（中国の代表は会議終了後に到着した）の名も見えた。ショーバーは開会にあたり、この会議の目的について、オーストリア＝ハンガリー帝国の瓦解の跡に創設された各国警察の単なる会合ではなく、「世界の人民のあいだに新しい関係を」築こうとするものであると宣言した。さらに、来たるべき組織の基本原則、すなわち普通法上の犯罪者だけを対象とすることを言明した。

会議は大きな成功を収め、一九二三年九月七日、警察はついに国家そして国家の任務たる外交から離れ、国際刑事警察委員会（ICPC）の設立にこぎ着けた。これがインターポールの最初の姿である。この組織は、ウィーンに常設の国際事務局を置き、構成員はヨーロッパ各国の首都のいずれかで毎年開かれる総会で顔をあわせることとなった。

Ⅱ　ウィーン本部

オーストリアは、全力をあげてこの組織を支えた。ICPC総裁となったショーバーは当時ウィーン警視総監であった。相棒オスカー・ドレスラーは事務総長に就任した。そのほかにも重要なポストの多くはオーストリア人が占めていた。資金の面倒を見たのもオーストリアである。この問題について会議で論議されなかったのも驚くにはあたらない。この組織自体もオーストリア警察の国際問題担当の部局に編入され、発足当初に発動された措置は、構成員全体にも有用ではあっても、通貨偽造といったオーストリア特有の状況に対応したものが多かった。実際のところ、この組織は、世界各国の警察のあいだに信頼に値する効果的で専門的な関係を築いたとはいっても、この当時の段階ではオーストリアのための、オーストリアの再興のための、一手段だったのである。

そうはいっても、ICPCがヨーロッパ各国の警察の希望の星であったことにかわりはない。縁の下の力持ちであったドレスラーは目覚ましい働きをした。一九二三年のうちに偽造対策班を設置し、一九二四年には旧帝国や当時のオーストリア、そして構成員からの情報をもとに国際犯罪者のデータの蓄積を開始し、一九二五年には機関誌を、一九二六年には指紋鑑定記録を始めた。また、国際事務局を、危険人物関連・通貨偽造関連・パスポート偽造関連・麻薬取引関連・指紋関連の各セクションに組織化した。業務上の言語はフランス語であったが、ドイツ語、英語、イタリア語（ドレスラー自身が流暢に操る言語）、そしてスペイン語も使われた。

警察のあいだでは、電信や電話で常時連絡がとれる体制となった。ほどなく、国際事務局は過大な負荷で機能不全に陥り、組織の構成員の要請すべてを直接に受けて処理することは不可能であることがわかった。関係各国の首都にその国の警察が事務局なり中央事務局なりを置き、メッセージの授受においてそれを選別し、整理し、重要度を判断してもらう必要があった。まずベルギーが一九二五年に事務局を開設した。ショーバーが創設しドレスラーが運営するＩＣＰＣは、ますますオランダのヴァン・ホーテンが構想したものに似通ってきた。一九二八年九月にはついに、アントワープおよびベルンにおける総会で、構成員が分担金を支払うことが決まった。同年、英国（熱心とはいいがたかったが）が加盟、フランスも十二月十八日に加盟した。しかし、フランス警察はＩＣＰＣ創設の際の会議にも出席しており、すでにさまざまな投票や機関誌の編集にも携わっていた。当時、構成員は一四カ国であり、そのなかには日本そしてニューヨーク（市）警察も含まれていたが、まだヨーロッパ中心の組織であった。

ＩＣＰＣの隔月刊機関誌『国際公安』の発行は一九二五年一月から始まった。機関誌は英語・ドイツ語・

フランス語・イタリア語の四ヵ国語による無償の冊子で、専門家が執筆する犯罪や警察の活動に関する記事のほか、構成員やときに構成員以外の警察機関による公告・尋ね人・身元確認要請などが写真付きで掲載された。しかし、『国際公安』はＩＣＰＣの刊行物としては最初のものではなく、一九二三年には通貨偽造セクションの責任者であったヨハン・アドラーが三カ月ごとに発行の『贋造・偽造』と称する機関誌を立ちあげており、現在も参照されている。これより少し前、ＩＣＰＣが警察の世界以外で初の成功を収めて国際的な認知を勝ちえたのもアドラーの働きによるものであった。それは、一九二四年四月、国際連盟の後援によるジュネーブでの会議において、通貨偽造対策のための国際条約が締結され、通貨偽造セクションにその適用と遵守を監視する役目が与えられたときのことである。

ＩＣＰＣは発展を続け、その評価も高まった。会議や通常会期が次々となされていく。構成員か否かを問わず、各国の警察はこの組織を認知し、評価し、信頼するようになってきた。警察間の国際協力は順調に進歩を遂げ、なかでも中央ヨーロッパがその恩恵を受けた。犯罪対策がそれなりの成功を収めたことも委員会の支えとなった。一九三五年には独自のラジオ網を整備し、ヨーロッパの主要国の警察間では初めてラジオを使って連絡を取り合えるようになった。一九三八年初めには、発足一五年にして三四の構成員を擁するようになった。その主流はヨーロッパ諸国であるが、同年中には連邦捜査局を有する米国がこれに加わった。

しかし二つの大戦に挟まれたこの時期は、組織の基本に曖昧さがぬぐいきれなかった。政治的な思想背景のない普通法上の犯罪者だけが対象であるというショーバーの宣言はあっても、この点はICPC規約に明記されていなかった。実際にも、ショーバーは、当時のオーストリアの権力者であって自国の偉大さに執着を持っており、警察幹部であると同時に非常に有能な政治家だった。ショーバーは政治活動を再開後、一九二九年から三〇年にかけて首相を務め、その後議員となり、一九三〇年十二月から一九三二年二月にかけては副首相と外相の地位にあった。その活動はこうした政治活動と密接に関連しており、インターポールを見舞った最初のスキャンダルがショーバーに直接関係するものであったことからもこれが伺える。一九二七年九月には、ショーバーを警察から閉めだすためにメディアが一大キャンペーンを繰り広げた。事件は長く、複雑なものであった。手短にまとめれば、あるジャーナリストが、（オーストリアおよび国際）警察の現状を黙認し、政治家支配を放置し、一九二三年から二五年にかけて嫌疑の濃厚なメディア王を保護し、一九二七年七月には民衆に発砲させたとして、ショーバーを非難したのである。ショーバーは譲らなかったが、圧力や批判は収まらず、その逝去まで続いた。

こうした攻撃は、ICPCに向けられたものではなく、オスカー・ドレスラーのもとで通常業務が行なわれていたが、組織の内部にもショーバーが国内外を問わず警察を政治的に利用することを否定はしていなかったことを明らかにする動きがあったのは偶然の一致ではあるまい。ソ連はこれを見抜いており、ICPCは非政治的どころか革命に反対する既存勢力の牙城であると考え参加を見合わせていた。また、一九三〇年代を通じて、ICPCの幹部はドイツに接近し、組織にナチの触手が伸びるのにも反対しなかった。さらに、当時国際事務局の介入によって解決した重大な事件のうちいくつかは、明らかに政治的な性質を有するものだったのである。

一九三一年には、オーストリア・ドイツ・ハンガリーで鉄道テロがあり、死傷者が出た。声明や通告も、金の要求もなく、手がかりはわずかであったが、この事件が政治的なものであることには疑いの余地がなかった。しかし関係各国の警察は躊躇せず、ICPCの国際事務局を通じて協力した。ユーゴスラビア生まれでウィーンに住むあるハンガリー人が、テロの際に手荷物を失くしたとしてブダペスト警察に出向いてきた。つながりはわずかで、非現実的だった。警察ではこの男から事情を聴取し、他の警察からの情報を参照しながらこの男の身元を明らかにしていった。テロ当時の行動には曖昧な部分があり、この男のポケットからはテロに使われた爆発物の痕を残す洋服用ブラシが見つかった。最終的に男は自白した。事件はやはり政治的動機に基づくもので、パリ発の線にテロを仕掛ける計画だったのである。

一九三二年八月二日、ヨハン・ショーバーは病気により逝去した。ウィーン警視総監を継いだフランツ・ブランドルはショーバー同様にICPC総裁に就任した。一九三四年七月、ブランドルが辞職すると、次のウィーン警視総監が総裁となった。この年九月に開かれたウィーン総会では、こうした既成事実が圧倒的多数による決議で公式に承認され、五年を試行期間として、オーストリアの首都の警視総監が自動的にICPC総裁を務めることとなった。これは、ナチ勢力の台頭（一九三三年一月にドイツの政権を手にした）とオーストリア併合というその野心を警戒し、委員会にナチの手が伸びることを危惧するヨーロッパ各国の警察を安堵させるものであった。こうすることで、ICPC総裁はオーストリア人でありつづけると考えたのである。この規定は、一九三七年のロンドン総会において、さらに五年延長された。総裁が交替しても、ドレスラーはその職を動かず継続性の保障となった。微妙な違いは、執行委員会を置いたことで委員会がオーストリア国家とわずかに距離を置くようになったことであった。

一九三四年には、現代のわれわれが過去と歴史を振り返りながら見ると驚きを禁じえない出来事が起こった。フランス警察が、ドイツ警察に協力し、アドルフ・ヒトラー政権転覆の試みを失敗に追い込んだのである。当時、両国の警察は協力停止の命令のないまま関係を継続させていた。十月、フランス警察は、複雑なこの事件の徴候をとらえて調査を開始し、その結果をドイツ警察へと伝達した。ドイツは、秘密警察長官じきじきに丁寧な謝礼の辞を伝えた。これは、西ヨーロッパで警察間協力の経験が積まれてきたことを示すものであった。しかし、この場合には、鉄道テロの場合とは異なり、無辜の市民の犠牲も物的損害もなく、ある政治的な計画（それがたとえ暗殺計画であったとしても）が図られているにすぎない。それでもドレスラーは両国の警察に、ICPCの国際事務局を通じて連絡を取り合うことを許可したのである。

同じく十月、ユーゴスラビアのアレクサンダル王とフランス外相ルイ・バルトーがクロアチア人によりマルセイユで暗殺されたときにも同じような変化が見られた。実行犯のクロアチア人の共犯二人は、ICPCの介入によってイタリアで逮捕された。国際犯罪者の逮捕においてICPCの成果は次々とあがっていったが、政治的な性質を帯びた介入要請と純粋に刑事上のものとの区別はすでに難しくなっており、懸念すべき事態となっていった。

一方、ナチは日増しにICPCへの関心を強めていた。ICPCは三〇カ国あまりのメンバーを擁し、なかには強国も含まれており、これを支配することで第一級の外交手段となる可能性を秘めていた。ICPCが有する資料やデータは他に比肩しえないものであり、個人データには信仰についての記載があることもとりわけゲシュタポの関心を惹いた。一九三五年からは独自のラジオ網も整備されている。ICPCは高い能力と名声を誇っており、ナチがこれを手に入れることは計画されたが最後、避けがたいことであった。ICPCの総会には、ドイツ警察幹部に代わり国家社会主義ドイツ労働者党の若手が出席するようになる。一九三五年のコペンハーゲン総会にはクルト・ダリューゲ（戦争犯罪によってのちに処刑）、一九三六年のベルグラード総会および一九三七年のロンドン総会にはポツダム警察所長で強硬な反ユダヤ主義者のヴォルフ・フォン・ヘルドルフが出席し、ベルリン総会にもヘルドルフが出席している（ただしヘルドルフは一九四四年のヒトラー暗殺計画に加担したとしてのちに投獄される）。また、帝国司法警察長官アルトゥーア・ネーベ（同様に一九四四年に投獄）、内務省顧問カール・ジンデルの名も見える。

一九三八年になると、こうした動きは加速する。ドイツ代表ダリューゲはICPC副総裁となっていたが、オーストリア併合を目前に控え、ナチ警察の長であったヒムラーは、その右腕となっていた親衛隊の将校ハイドリヒをダリューゲと交替させた。ハイドリヒは第三帝国の保安警察長官であり、三月八日にICPCの資料に強い関心を寄せていた。その四日後の十二日、ドイツ軍はオーストリアを侵攻する。この前の晩、ヒムラーは一九五三年からICPC総裁を務めている、ウィーン警視総監で公安警察長官であったミハエル・スクブルと会った。しかし、会合ではナチの望む結果は得られず、翌朝ナチはその地位を去るよう要求した。こうした要求がなくともみずからそうしたであろうが、スクブルは一九三八年三月十三日、ドイツによるオーストリア併合の日に辞任した。スクブルはその後、一九三八年から四五年の連合軍の到着の日まで自宅に軟禁された。

総裁の交替はあっても、事務総長は変わらなかった。ドレスラーは依然としてその地位にあり、反抗の意も示さなかった。新たな状況はドレスラーにとって好都合にさえ見えた。ハイドリヒのほうは時間を無駄にしたくなかった。二十八日、ハイドリヒは、ICPCはオーストリア警察の落とし子であり、オーストリア警察はドイツ警察の一部となったのであるから、辞職するスクブル長官の代わりにすべての権限をハイドリヒ自身が肩代わりするとして、ICPC総裁となることを決めた。総裁職をオーストリアに割り当てるとした条項は、こうして葬り去られた。同様の理論で、ハイドリヒは、ICPCは首都であるベルリンに移動すべきであり、単なる一地方都市となったウィーンはこのような規模を持つ国際機関の本部を置くには適さないと宣言した。こうしたなかで、ハイドリヒをなだめすかし、ドイツと委員会の双方にとって望ましい落ちどころを見つけることを可能にしたのがドレスラーであった。ドレスラーはナチに対して、こうした露骨で野心を剝き出しにした事《こと》の運び方は、この組織の構成員の好むところではないばかりでなく、諸国におけるICPCの評判を傷つけ、その活動を害するものだと説得した。とくにフランスはこれに激しく反発するであろうし、交渉で参加に前向きな姿勢を示している米国は参加を断念するであろう。ドレスラーはブカレスト総会まで二カ月待つよう助言した。

ハイドリヒは待つことを了承し、別の方策を取った。ベオグラード警視総監ミラン・アチモビッチと共謀し、アチモビッチが次期総会において本部をベルリンに移転することを提案することとしたのである。ついで、ハイドリヒは昔の警察幹部でナチの一員であり、投獄されたこともある一人のオーストリア人を総裁に据えた。それがオットー・シュタインハウゼルである。シュタインハウゼルはその能力に加え、投獄によって結核が進み、余命いくばくもないという利点も備えていた。ハイドリヒは三十四歳にしてかなりの政治的センスを持っていたと言えよう。一九三八年のブカレスト総会は、ヨーロッパがまさに戦場とならんとするなかで行なわれ、ルーマニア国王カロル二世の尽力により、代表団同士の緊張を和らげ、贅と名誉とお祭り騒ぎで参加者たちを丸め込むよう完璧な画策がなされた。緊張が走ったのは、フランス代表ルイ・ドゥクルーが、ウィーンの国際事務局を国際連盟本部のあるジュネーブに移すよう提案したときであった。激しい議論の末、提案は却下された。しかし、ナチとその同盟者たちは目的を達した。ICPCは存続し、次期総会はベルリンで行なわれることとなったのである。

ICPCは、オーストリア併合以来ドイツ警察が課す制限を素直に受入れていた（たとえば、書簡の検閲、反ナチの職員をナチ支持者と交替させることなど）。どちらかといえば、ナチと協力していくのに苦労していないようであった。それでも、一九三八年六月、ブカレスト総会の会期中に、米国が構成員となった。同年末には、委員会は政治化への道をはっきりと、今回はナチ寄りにまた一歩踏みだし、ソ連の諜報員に関する純粋に政治的性質の情報をナチに流した。ICPCの継続性を保障しつづけていたのはドレスラーであった。ドレスラーが構成員の警察幹部との関係を保ち、戦争が始まってからも分担金を集める一方で、協力に難色を示す委員は更迭されるか、あるいはドイツにより収容所へ送られた。ドレスラーはすべてが以前と同じように動いていると信じさせようとし、沈黙のうちに「蛮行」を見てみぬふりをした。機関誌は変わらず発行された（名称は『国際刑事警察』と変更された）。ドレスラーはさらに、単なる事務方の役割を超えた行動も取った。ICPCの方針をナチのイデオロギーに合致させようとして、たとえば生物学的基準や思想を犯罪分野における法の土台にする必要があるとしたり、ベルリンの国家中央事務局は衛生管理上、犯罪者各人を生物学的に調べなくてはならないと説明したりしたのである。さらに、犯罪者に対し人種に応じて去勢不妊処置を行なおうともした。こうしたことから、ヒトラー政権はこの協力者に賛辞を送る以外なかったのである。

一九三九年になると、事態はさらに加速度を増す。三月にはチェコスロバキア、九月にはポーランドが侵攻される。ヨーロッパは戦場となった。今となっては何も妨げるものはなく、ICPCはベルリンへの移転準備を始めた。一九四〇年六月二十日にシュタインハウゼルがかねての予想通り死去した。ハイドリヒの野望を阻む壁は一つ崩れた。ドレスラーは、その本性をますます露《あらわ》にし、本部の移転と親衛隊将校の総裁就任に向け、規則に則っているよう外見を整えるべく奔走していた。このためにドレスラーは遠隔地投票という方式を設けたが、その実施方法や条件は前記の二つの目的に有利になるように定められていた。こうして、一九四〇年八月、ハイドリヒは何の問題もなく（ドレスラーによれば全会一致で）ICPC総裁となった。このときハイドリヒはもはや単なる治安警察長官ではなく、治安警察・秘密警察諜報機関・刑事警察・ゲシュタポを統合して誕生した保安警察の長官となっていた。ハイドリヒは、ICPCへのドイツ代表として内務省顧問を務める親衛隊将校カール・ジンデルを指名し、この機会に新設したポストである国際事務局長には刑事警察長官を務めたアルトゥーア・ネーベを任命した。

ドレスラーはその地位にとどまった。ICPCは、ナチ警察の第五局（諜報機関）として、保安警察の一構成機関となった。こうして、ベルリン本部の場所選定がようやく始まった。

オーストリアが生み、自立への道を探ってきたICPCは、ヒトラー政権の後ろ楯を得て、ついにはその一部分となった。こうして、当初から規約に政治的曖昧さがあり、職員・構成員・国際社会が団結して組織を守ることもなかったうえ、終始地位にとどまった事務局長の迎合的な協力やナチの執拗な意思によって、ICPCは五年以上にわたりヒトラー政権下の国家組織に統合されることとなったのである。

Ⅲ　ドイツ支配の時代

ICPC本部は一九四一年四月十五日にベルリンの西郊外、小さな湖のほとりのクライネン・ヴァンゼー一六番地へと移転した。この地所は、あるユダヤ系の裕福な商人から没収され、ICPCに無償で与えられたもので、広く快適であった。ICPCに対する第三帝国の支配はこれで公のものとなったが、実際に何かが大きく変わったわけではない。オスカー・ドレスラーは組織の手綱を握っており、その仕事を熟知しているうえ、信用されている人物であった。第二次大戦中の資料はあらかた失われており、この時代のＩＣＰＣの歴史を正確にたどることは困難である。とはいえ、粘り強い研究者たちが集めた断片情報や周知の事実から、それなりに光を当てることはできよう。

戦時中は犯罪が減少するものと考えがちである。しかし、市民にとって日常生活は間断なく続けられているのであり、それは善良な者にとっても犯罪者にとっても同じである。つまり、犯罪者は可能な限りその活動を続けるのである。占領国では警備も厳しく国境もきつい監視のもとに置かれるのであるが、犯罪者はなぜかやすやすと移動してしまうのだ。こうしたことから、戦時下という状況やナチの圧力にもかかわらず、ＩＣＰＣは国際的な刑事警察組織としての活動を続けることができたのである。ＩＣＰＣは協力関係の維持を望む各国中央事務局との関係を保ち、報告書・記事・情報請求・情報伝達を受けていた。犯罪の類型は、二十世紀前半の段階では、自転車窃盗、陳列品窃盗などの古典的なものが一般的であった。ドレスラーはかつてないほど情報交換の促進者の役目を果たしていたのである。

一九四一年九月二十三日、ハイドリヒはこれまでの職務に加え、ボヘミアおよびモラビア地方（チェコスロバキア）の保護領副総督となった。一九四二年一月二十日にハイドリヒが議長を務めた会議〔ヴァンゼー会議〕では、ナチ幹部一五名によって、「ユダヤ人問題の全面的解決」が明らかにされた。この会合がＩＣＰＣ本部で行なわれたとよく誤解されるが、それは間違いである。実際には、この会合が開かれたのはクライネン・ヴァンゼー一六番地ではなく、グロッセン・ヴァンゼー五六－五八番地であった。

この二つの地番はそれほど離れているわけではないのは事実である。おそらく、二つが混同されたのは、参加者に送った招集状のなかで、一致しない二つの情報を混在させ、議論の対象をＩＣＰＣの「名誉」の下に隠そうというハイドリヒの意図がその発端であろう。ユダヤ人根絶作戦は「夜と霧」と呼ばれ、秘密裏に遂行されたのである。

五月二十七日、ハイドリヒは封土たるボヘミア・モラビア地方でのテロにより致命的な傷を受けた。ＩＣＰＣ総裁の地位は、ヒムラーのもう一人の忠実な部下であるアルトゥーア・ネーベが暫定的に引き継ぎ、ハイドリヒが死去した六月四日に正式に総裁となった。ドレスラーはもちろん留任し、ハイドリヒの突然の死を悼んだ。当時の構成員は、併合国・同盟国・占領国の二一カ国、ドイツ寄りのスペインとポルトガルのほかに、スウェーデンとスイスであり、ドレスラーは頻繁に通信を行なって構成員との関係を維持し、分担金を集め、脱退国へ復帰を呼びかけた。

オーストリアのナチ党員でオーストリア警察長官になったエルンスト・カルテンブルナーは、一九四三年一月にハイドリヒの後任として保安警察長官となっていたが、五月二十九日にネーベに変わりＩＣＰＣ総裁となった（ヒムラーが個人的にこのポストへの就任を約束していた）。

この年、ドレスラーは予防的措置の成果でボヘミアにおける犯罪が減少したことを賞讃した。これは二つの点でプロパガンダである。まず、予防的措置は問題を解決するものではなく、それを予防するものである。そして、この得意ぶりは同じボヘミア地方でハイドリヒの命を奪うテロが起こったあとのものなのである。しかし、おそらくその言葉からは、ナチ支配下のＩＣＰＣに対する事務総局長としての忠誠を見て取るべきなのであろう。一九四四年二月には、一二カ国がいまだ委員会への分担金を支払っていたが、その他の国々も、分担金は支払わずとも、大なり小なり構成員として活動を続けていた。連合軍がドイツ領土の西側まで到達した日である一九四五年二月二十日、機関誌の最後の一冊が発刊された。ＩＣＰＣは、カルテンブルナーとドレスラーのもとで、第三帝国崩壊の日まで活動を続けた。その後、カルテンブルナーは逮捕され（一九四六年十月に人道に対する罪で処刑）、ドレスラーはなんら心配することなくオーストリアの自宅へ戻り、一九六〇年、八十一歳で静かに息を引取った。ベルリン本部は、一九四五年五月に米国軍が接収した。これが、一九三八年から四五年にかけて、ナチ政権下のドイツただ一国のために活動してきた一組織の末路であった。

インターポールがこうした時期を経ているあいだ、フランスはまったく別の道をたどっていた。一九三〇年代初めから一〇年あまりのあいだ、フランス警察高官ルイ・ドゥクルーは、一九三八年のブカレスト総会での発言に見られるように、ＩＣＰＣがウィーンを離れスイスのローザンヌやジュネーブに本拠を置くよう求めていた。一九三八年には、別のフランス警察高官ピエール・モンダネルが、本部のベルリン移転やウィーン残留に対して強い反対を表明した。そして、一九三八年九月三日の宣戦布告以降は、フランスとICPCとの関係は断絶したが、これは、フランス警察とドイツの軍事政権当局とのあいだで、政治（反共産主義）・宗教（反ユダヤ）・地下組織（とくにフリーメーソン）・テロリズム（レジスタンスによる蜂起）の分野において積極的で効果的な協力を行なうになんら妨げとなるものではなかった。ハイドリヒは、ドレスラーの助力を得て、フランスとICPCとの関係を改善しようと試みたが失敗に終わった。一九四二年八月八日には、フランスにおける親衛隊およびドイツ警察の高官であったカール・オベルグが、複数のフランス警察高官に対して、共通の敵である共産主義・テロリズム・サボを打倒するには、親衛隊やドイツ警察と国際犯罪対策で協力を進めていくべきで、そのためにはICPCが有用であると再三にわたり提案し、前もってそれぞれの警察の分担まで定めたが、徒労に終わった。オベルグは強固な動かぬ壁にぶつかったのである。一九四三年の三月から四月にかけて、ドレスラーは再度ICPCのフランス事務局を訪れたが、新たな成果は得られなかった。とはいえ、交渉相手としてドレスラーが選んだヴィシー政権の保安長官ジャン＝フェリックス・ビュッフェは、一九四三年十一月の機関誌制作委員会に辛うじて参加した。フランスがこの戦争のあいだにICPCに対し妥協の姿勢を見せたのはこの一件だけであった。

さて、大戦中、ナチ警察幹部の食指を動かしたのは、ICPCに関する三点（外交・資料・通信）のなかで何だったのだろうか。ラジオ網については、ドイツ警察が長年にわたり、警察その他の目的でこれを欲していたことは間違いない。外交手段という点については、組織の名声・独立性・大国を構成員として擁するといったことがその源になっており、戦前ほどの力は持ちえなかったといってよい。ドイツに屈服し、秘密裏に物事が執り行なわれるようになったＩＣＰＣにとどまった国々は、参加していない自由な国々とは利害を別にすることとなった。とはいえ、ＩＣＰＣの名声や能力は外交手段としての価値を保障するものであり、実際にこれを利用することもあった。たとえば、フランスとゲシュタポとの協力を促し強化するため、「国際テロリスト」対策を旗印にするといった例がある。また、構成員としてとどまっている中立国とのあいだでは、ＩＣＰＣを通じた関係ないし影響力といったものも忘れてはならない。資料についてはどうだろうか。この問題については、（おおまかに）宣戦布告の前後、そしてナチが関心を持った対象者か否か（同性愛者・ジプシー・ユダヤ人）に分けて考える必要がある。ＩＣＰＣのデータは、少数の例外はあるが、普通法上の国際犯罪に限定されており、その数はそれほど多くはない。したがって、戦前のナチ政権下のドイツに対するＩＣＰＣの協力は、こうした普通法上の犯罪者に対するものに限られ、その他の人びとはその協力対象ではなかった。しかし、ＩＣＰＣがデータ（当時は信仰する宗教・性的嗜好・民族社会的所属が記載されていた）をドイツ警察に送ることで、犯罪者のうち同性愛者・ユダヤ人・ジプシーを追跡することが容易となり、収容所へ送り込む一助となったことも否定できない。

この他にも、機関誌のある記事のなかに、ドイツにおいて、ユダヤ人や外国人が多数を占めるスリの数が一九三三年（ヒトラー政権誕生の年）を境に減少し、一九四〇年には完全に撲滅されたという情報を見出すことができる。しかし、ＩＣＰＣのデータの情報源としての意義は早々に薄れ、「根絶すべき」人物を探し当てる役割は帝国の他の警察機関やその手先がこれを担うようになる。したがって、これ以降にＩＣＰＣが作成した資料は、同性愛・ジプシー的な生活様式・ユダヤ教信仰に関する情報をチェックしたあとに作成されたもので、国際犯罪対策に関してはほぼこれまで通りの活動が続けられていた。ＩＣＰＣに言及しながらも、犯罪抑止に関し、ドイツ警察との直接の協力を提案していたからである。オベルグが一九四三年にフランスに働きかけを行なったことはこれを裏付ける。

ともあれ、資料やデータが紛失し、信頼に足る証言は乏しく、当事者の記憶に頼ることもままならないとなれば、ナチ支配下のＩＣＰＣの歴史を綴るのは難しい。矛盾や史実の闇は依然として残り、真実が全体として明かされるのはこれからの仕事であろう。その後も存続し、名誉回復の途上にあるこの組織内部も含め、多くの人びとにとってあまりに具体的で堪えがたい結果であるがゆえに、ますます困難は増す。しかし、こうした出来事から五〇年が経った今、内部でもはっきりとした変化が見られる。それは、栄誉からは程遠く、長らくその活動の阻害でしかなかったこうした過去を知り、受け入れようとする動きである。しかし、それだけでは、万が一資料が闇に葬られていなかったとしても、それを探しあてるのは至難の技でもある。

Ⅳ　フランスの支持

第二次大戦そして七年にわたるナチ支配を経て、ＩＣＰＣは、犯罪が横行するなか、消滅の瀬戸際にあった。もはやＩＣＰＣを心にかける者などなかった。しかし、昔ＩＣＰＣに参加したことのあるベルギーの警察官で、警察庁捜査官フローラン・ルワージュ中佐が、この組織の再興を誓った。ルワージュは、以前ＩＣＰＣに加盟していたベルギー当局の支持のほかに、複数の情報を総合するに、ウィーンで静かな余生を送っていたオスカー・ドレスラーの支持も得ていた。司法大臣と外務大臣の助力のもと、一九四六年六月三日、ブリュッセルにおいて、一七カ国の代表を集めた「第一五回通常総会」（第一四回は一九三八年のブカレスト総会）が開かれた。士気はあがり、三日後、ＩＣＰＣの新たな出発を祝いながら総会は閉幕した。

新規約は全会一致で採択された。今回は、ウィーン時代とは異なり、自動的に任命されるポストはなくなった。いずれも選挙により決定されることとなったのである。総裁と七名の副総裁から成る「名誉職としての」理事会と、総裁・事務総長・三名の委員から成る執行委員会が設けられた。真っ先に驚かされたのは執行委員会の構成であった。五名のうち潔白といえるのは、英国ロンドン警視庁からの委員ロナルド・ホーウェとフランスの司法警察長官で事務総長を務めるルイ・ドュクルーの二名だけであった。残り二名の委員は戦時中ＩＣＰＣとの協力を継続していた中立国の出身で、個人的にこれに関わっていた者だった。スイス人ヴェルネル・ミュラー大佐は、当時の機関誌『国際刑事警察』の制作委員会のなかにその名が見えるし、スウェーデン人ハリー・セーデルマンは幾度となくナチ支配下のＩＣＰＣへの忠誠と追従を示してきた人物である。しかし、最悪なのは望みどおり委員会の総裁となったフローラン・ルワージュその人であろう。ルワージュは戦時中ずっとブリュッセルで捜査官の職についており、その地位にあってドイツ警察部隊と協力してきたのである。また、ルワージュは機関誌の制作委員会にも参加していた。さらに、ハイドリヒが指名しカルテンブルナーが承認したＩＣＰＣの常任報告担当者であって、ベルリンでの会合に出席してもいたのである。

公用語は英語とフランス語になった。ソ連は招待されておらず総会にも出席していなかったが、ロシア語も提案され、ポーランドとユーゴスラビアが異議を唱えたものの却下された。しかし、内部で何かが根本的に変わったというわけではなかった。一九四六年のＩＣＰＣは、当時続々と誕生していた国際機関の列に加わるというよりは、ルワージュが何度も表明したように、戦前の組織からの継続であって、それ以上のものではなかったのである。その構成・地位・規則は依然として曖昧であった。一つ階段をあがるかわりに、「警察クラブ」、つまり国家ではなく警察機関が集まる組織にとどまったのである。

したがって、改革が行なわれたとすれば別の面に目を向けなくてはならない。それは、本部の所在地の変更である。現実には本部をベルリンに残したり、ウィーンに戻したりすることは問題外であり、そもそも両国ともに占領下にあって主権を有していなかった。総会の会期中に、本部をフランスに置くことが要請され、フランスの予期せぬ事態となった。フランスは、国家の威光を取り戻すよい機会ととらえてこれを了承したが、その際、事務総長について、自動的な任命が排除されるのであれば、本部の置かれる国の代表が務めることが望ましいとの文言を規約に入れるよう要求した。

六十三歳となっていたルイ・ドュクルーは事務総長の職を継いだが、やるべきことは山積みであった。事務総長の日常的な事務は、弱冠三十歳の公務員で、戦時下にはレジスタンス運動に身を投じていたドュクルーの部下ジャン・ネポットに任された。フランスとネポットは車の両輪となって、短期間に予想以上の成果を挙げた。ＩＣＰＣの財政は話にならない状態で、構成員からの分担金の支払いは滞っており、本部にかかる費用のほとんどすべては何年にもわたってフランスが負担することとなった。例外はオランダ（ハーグ）に置かれていた通貨偽造セクションであった。フランスは、資金を遅滞なく拠出し、庁舎を用意し、職員を派遣し給与を支払い、備品を備えるといった作業を行なった。ネポットのほうは、一九四六年七月二十二日、歴史に残るイニシアティブをとった。ICPCの電信用の宛名として、インターポールという名称を（international police から）造語し、世界的に認知される通称としようと考えたのである。ついで、委員会の存在と活力を知らしめるため、ブリュッセル総会の三ヵ月後の九月に『国際刑事警察誌』を発行する。これには記事・書評・さまざまな情報などが掲載され、ほどなく年に一二回ほどの頻度で発行されるようになった。また、国家中央事務局と事務総局のあいだで授受される手配書のシステムも一新し、色によりその手配書が、身柄拘束、犯罪者・死亡者などに関する情報の要請や提供、物品の捜索といった類型のうち、どのような行為または人物に関係するものかを迅速に把握することができるようにした。このシステムは、二十世紀そして二十一世紀に入っても、情報化の進むなか、依然として使われている。ラジオ網については、内務省払下げの古い機器から出発して再構築され、短いあいだに充実したものとなった。最大の難関は、国際犯罪者のデータバンクの構築であった。これまでのデータの蓄積は霧散しており、情報は不十分で更新されていなかったからである。全体的には、たった一年という期間から考えて、事態の進展は著しいものであった。新たに八ヵ国がICPCの構成員となり、地理的分布は大陸を越えて広がりつつあった。一九四七年六月のパリ総会の参加国は前年よりも一一ヵ国増え（計五四ヵ国）、成功裏に終わった。ルワージュの提案によって、ネポットは全会一致で事務総長補佐となり、その活躍に報いを得た。この年の構成員数は二四であった。

一九四八年に冷戦が始まると、ドゥクルーは、プラハで開かれた第一七回総会において、ICPCの所掌範囲は「政治・宗教・人種に関わるあらゆる事件を除く」ことを規約第一条に付加することを提案した。ナチ時代の経験や、一九四六年の方針演説にもかかわらず、この文言は削除されていたのである。提案は議論を待たずに全会一致の賛成を得た。これは進歩ではあったが、同時に扱いの微妙な案件で問題が持ちあがるもととなった。ルワージュのほうは、総会の開催地の選択は賢明に行なわれなくてはならないと説明した。現実には、翌年の総会はスイスであった。確かに中立国ではあるが、戦時中も積極的にICPCとの協力を続けた国でもあり、これは総裁と共通する点であった。その後の総会についても同様で、開催順にオランダ・ポルトガル・スウェーデン・ノルウェー・イタリア・トルコ・オーストリア、そしてこの他多くの国が参加しているにもかかわらず、再度ポルトガル、と続いた。こうして見ると、パリでの開催は必然であるように思われるが、協力を続けた国ではない「他陣営」フランスにおいて総会が開かれるのは、同じく他陣営に属していた英国の加盟があった一九五八年、ルワージュの引退後のことであった。賢明な選択とはこういうことだったのである。

ICPCの扱う案件はますます増え、(犯罪者情報と犯罪情報から成る)データバンクの再構築が進み、東側諸国を含む新規加盟が相次ぎ、人的技術的手段も発展を続けた。そのなかで、資金と事務総局職員の派遣について根幹を担ったのはやはりフランスであった。一九五〇年には、国際警察分野で政治事件と刑事事件とを識別する難しさが露見した初の事件があった。同年三月二十四日、チェコスロバキアの定期便がパイロットにより乗務員と乗客を乗せたままハイジャックされ、西ドイツの米国占領地域に着陸した。一九四六年のICPC再興当時にも構成員であり、その後ソ連の傘下に置かれたチェコスロバキアは、これを（識別は難しいが）普通法上の事件であるとして、航空機内のパイロットの身柄拘束に向けてICPCの介入を要請した。ネポットとの協議ののち、ルワージュの承認を経て、ドゥクルーはチェコスロバキア当局の要請を伝達したが、非常に微妙で慎重な言いまわしを使った。結局なんら効果はなかった。米国（というよりは米国の連邦捜査局）は、事務総局が政治事件への不介入に関するICPC規約に違反したとして脱退した（これは脱退の名目にすぎなかったが）。米国国内政治や国際政治の現状を考えれば、米国もまた別の方法で委員会内で政治的な行動を取ったと言えるだろう。

一九五一年のリスボン総会においてルワージュは、カルテンブルナー総裁当時のICPCで共に働いた、ポルトガル軍事政権の公安長官アゴスティーノ・ロレンソを称賛し（のちにルワージュの後任として一九五六年から六〇年にかけてインターポール総裁を務める）、総裁に再任された。ドゥクルーについては、六十八歳で職を退き、新たな事務総長としてマルセル・シコーが任命された。シコーは、フランスの国家保安警察監察官で、確かにフランス警察においては高い地位にある人物であったが、ドゥクルーと違ってICPCについては無知であった。シコーが選ばれたのは、フランス政府が立てた候補だったからである。シコーが経験不足であった結果、ネポットの仕事がますます増えることとなった。一九五四年には、パリにほど近いラニー＝ポンポンヌの庁舎をフランスが無償で提供し、独自のラジオ局が創設される。一九五五年のイスタンブール総会では、記章（提案は一九四九年）と旗が決定された。警察を象徴する剣の上に描かれた地球と、平和を意味する月桂樹の葉で囲まれた正義の天秤が描かれたものである。シコーは、旗を本部に掲げ、総会開催に際しても開催国の許可を得たうえでこれを掲揚することとした。

一九五五年から五六年にかけては、執行委員会に、ナチの戦争犯罪者の追放問題がふりかかってきた。ＩＣＰＣは、この問題は政治的か軍事的のどちらか、ないしは両方を併せ持つものであるから、介入が禁じられている問題だとして、外交ルートなど他の方法に訴えるよう求めた。しかし、ナチの戦争犯罪者については、その引き渡し問題が生じる場合には政治犯罪とは見なされないとする文書が、一九四八年の国連総会において全会一致で採択されていた。外交ルートについてはこのように解決済みであって、ＩＣＰＣがこうした点について無視を決め込んでいたのは、誤解か、または純粋に刑法上の問題とこうした問題とを切り離そうという意図からか（当時問題は政治的であると考えられなくもなかった）であるが、とはいっても引き渡し要求を構成員に伝達することは怠らなかった。いずれにせよ、かつてのナチを保護している構成員がいることはほとんど周知の事実であって、復興途上にあるＩＣＰＣがこうした構成員との衝突を望まなかったのは明らかである。この姿勢は、確かに正しいものとはいえないが、一九八〇年代なかばまで続いた。

ＩＣＰＣに対してフランスが寛大な貢献をしているとはいえ、すべてを担うことができるわけではなく、もしできたとしてもそれが全体の利益とはならないことはＩＣＰＣも認識している点であった。構成員からの分担金はまったく不足で、その算出方法も適切とはいいがたいものであった。これを修正するには、一九四六年来のルールを見直す必要があり、これは規約を改訂して戦前の小さな枠組みから解放される好機でもあった。二年にわたる議論を経て、一九五六年六月のウィーン総会において、新たな憲章について合意に達し、インターポールの独立が宣言される。二十世紀末においてこの憲章はいまだ効力を有している。そこでは人権を基礎とし、政治・宗教・人種に加え軍事に関わる案件についての制限が課されており、さらに構成員に平等の投票権を認め、選挙や幹部任命についての条件を定め、事務総長の地位について国ではなく組織を代表するものとした。また、加盟の条件として、国家中央事務局を設けることが義務づけられた。シコーは事務総長に再任された。こうしてついに、国際刑事警察委員会（ＩＣＰＣ）は国際刑事警察機構（ＩＣＰＯ）へと脱皮し、常設の国際機関として、インターポールという名称を電信の宛先から通称・公称とすることになった。この年のＩＣＰＯの構成員は五一であった。

残る仕事は、財政面での自立と自前の庁舎を手に入れることであった。まずは財政である。構成員からの拠出について一貫性あるシステムが導入されたのは、一九五八年のロンドン総会であった。このシステムは、数々の修正を経ながらも原則として三〇年以上にわたって存続することになる。これで、ユネスコなどの国際機関と同様に、（理論上は）どこか一国の寛大な措置に頼らなくとも済むはずであった。事務総局の庁舎の問題も厄介だった。この一二年のあいだに事務総局の活動・資料・職員（フランス人）は増加の一途をたどっており、本部を三度も移転していた。必要を満たす、最終的で自前の庁舎がぜひとも必要であった。一九五八年以降、ICPOはパリにとどまるために経費削減を目指したが、努力が実を結ぶまでには数年かかった。ネポットは、憲章には規定されていない事務総長補佐の役目を続けていたが、彼こそこうした三つの基礎、すなわち新憲章・財政的自立・事務総局庁舎の所有を構想し実行していった人物であった。

仕事は続けられた。一九五九年からは、さまざまな国際犯罪の形態と科学捜査技術をはじめとするその対策について、情報提供と意見交換を行なう会合をパリで開くようになった。同年起こったキューバ事件は、またもや、ICPOがいくら心積もりをしていても、刑事事件に政治が介入しようとすることが避けがたいことを示した。キューバは一九五二年にICPOに加盟していた。一九五九年一月、カストロがバチスタ政権を倒して政権を握り、対抗勢力の追い落としを始めると、その多くが国外へ亡命、新政権は一九五九年十二月にICPOに要請を寄せた。しかし事件は明らかにキューバの国内政治案件であり、答えは簡単であった。ＩＣＰＯは助力をきっぱりと拒否した。キューバはこの件以降、脱退はしないものの分担金の支払いを停止し、積極的な参加を見合わせるようになった。

一九五八年に樹立された財政規則（三年後ごとに計算の見直しが行なわれる）によってＩＣＰＯは資金を自己負担するはずであったが、一九六〇年代には、組織の発展・新規加盟国の増加・活動の広がりといったなかで、フランスがいまだに必要な資金の最大の負担国であった。それでも、財政面での自立をめざし、規則は実施に移された。当時、西ドイツや英国といった国は、事務総局に自国の警察職員を派遣しはじめていた。一九六二年三月、ネポットの力により、アフリカのリベリアの首都モンロビアで初めての地域会議が開かれ、ＩＣＰＯはヨーロッパだけ（あるいは主としてヨーロッパ）のための組織ではなく、世界的な任務を負うことを第三世界にアピールした。ついで翌年には、公選制ポストについて、一定の地域間均衡を確立するという内部合意が成立した。これは、発展を示す一つの大きな出来事であった。一九六三年八月、ヘルシンキにおいて、シコーの引退に伴いようやくジャン・ネポットが事務総長に就任した。しかしその前月、フランス政府は、ＩＣＰＯは「外見上」公的機関のようであるが、国内法上はなんら法的地位を有しないことに言及していた。これが次なる目標となった。一九六六年、ＩＣＰＯはついに、パリ郊外のサン・クラウドに建築した自前の本部庁舎を手に入れた。その資金は、フランスからの貸与で半分が賄われた。こうして、ネポットは一九五〇年代初頭にみずから設定した三つの目標を達成したのである。

一九六八年十月八日、パウル・ディコッフが、一九四六年来初めてのドイツ警察出身総裁となった。ディコッフは、ナチ時代に学生時代を過ごし、ナチ政権下の行政当局で初期のキャリアを積み（警察を経て秘密警察へ）、その後米国の連邦捜査局に移った人物である。しかし、こうしたナチや親衛隊に関する過去が暴露され議論が起こったのは、一九七三年のディコッフ逝去のあとのことであった。ディコッフの当時の役割・態度・動機そして同盟国機関との戦後の関係については、いまだに詳しいことはわかっていない。ともあれ、生前のディコッフはなんら問題を起こしてはいなかった。複数の国の警察がディコッフの人物像、そしてナチ当局、ドイツ警察からインターポールに至るまでの経歴について資料を有しているが、どれも非常に輝かしいものである。この場合もまた、ＩＣＰＯがその働きぶり（前任者と同様、儀礼的なもの）に単に満足していたとすれば、過去のくびきは重く、非難を免れないであろう。ＩＣＰＯを敵視する人びとはこの格好の事実を手放してはいない。

一九七〇年一月には、加盟国は一〇五を数え、これは一〇年間で四二カ国の増加に相当する。一九七二年、フランス政府とのあいだで、本部はまだ完全ではないが、フランスとの関係ではこれがＩＣＰＯの法的地位を保障するとした合意が成立し、こうして国際レベルでのＩＣＰＯの立場が強化された。ネポットはこの件についても、またもう一つの改革についても、すぐれた手腕を発揮した。同年一九七二年一月一日に、ネポットは事務総局内にある警察関係のカテゴリーとして、連絡官を新設したのである（三名からの出発であった）。これは、他の職員と異なり、現地に飛び、世界各地の警察と顔を合わせ、助力を与え、活動の調整を行なうが、身体的行為（尋問、身柄拘束など）には直接関わらないというものである。

同じく一九七二年、ある英国警察幹部は、フランス抜きのインターポールは崩壊するだろうと発言していた。確かにこれは、従来同様真実であり、問題にならないほどにわずかな年間予算（一九六九年には一〇〇万ドル）では、フランス政府との合意に基づく優遇措置に大きく頼らざるをえない状態であった。しかし、当面のあいだ、加盟国はこうした現状に異議を唱えてはいなかった。

政治は事務総局に波紋を投げかけつづけた。一九七〇年代なかば、モロッコと戦争状態にあったポリサリオ戦線が砂漠でフランス人を誘拐し、モロッコ警察は誘拐犯と人質の発見のためICPOに助力を求めたが、機構内での激しい議論の末、要請は拒否された。一九七五年十月のブエノスアイレス総会では、英語とフランス語に加え、スペイン語とアラビア語が公用語となった。これは、加盟国が世界各地に広がったことに対応したものである。

一九四六年以降、インターポールの真の立役者であったジャン・ネポットは、その三二年にわたる在職中に大きな足跡を残し、多くの仕事を成し遂げたが、一九七八年十月のパナマ総会でついに引退を表明した。一九七一年からICPOに参加し、五年間ネポットの側近として鍛えられたアンドレ・ボッサールが後任となった。ネポットがボッサールに委ねたのは、今までにないほど重要性を増し、障害を乗り越え、高いプレステージと栄誉を再び手にし、国際犯罪対策における有用性を日々示すようになったICPOであった。

しかし、ちょうどこの当時には、加盟国の数、そして事務総局や国家中央事務局（とくに西欧諸国の）の作業量が間断なく増えつづけるなかで、国際犯罪自体も組織化が進み、その様相も変化してきており、組織の欠陥も垣間見えるようになってきていた。アフリカ・アラブ諸国やアングロ・サクソン諸国の加盟によって、機構内のバランスも大きく変わった。通信や情報分野をはじめとする技術面での進歩に遅れをとり、先進国（なかでもアングロ・サクソン諸国）はこうした現状に不満を抱いていた。事務総局には官僚主義がはびこり動きが鈍く、ICPOの拡大と発展をリードしていく能力を欠いていた。こうして、次第に改革の必要性が感じられるようになったのである。また、サン・クラウドの庁舎は早くも手狭になったため、本部の移転も求められていた。さらに、事務総局がフランス政府やフランスの対外政策との関連を持ちすぎるとの批判も生じてきた。こうした一連の批判はもっともであって、その後の事態の推移がこれを裏付けている。ここでフランスがなんらかの方策を打たなければ（実際そうだったが）、ICPO内での覇権的地位を事実上放棄することになる。ネポットの引退は、要求の噴出のサインであり、根本的な変化のシグナルであった。

V　米国の台頭とリヨンの要塞

第二次世界大戦前夜にヨーロッパの組織であったインターポールは、今やアメリカ・アフリカ両大陸その他の国々にまでまたがる組織となった。こうして、事務総局のさまざまな面で改革が必要となったが、事態がスムーズに進んだわけではない。インターポールを取り巻く状況は、事を運ぶのに順境とは言いがたかった。ネポットの引退に加え、次の三つの要因が改革を進める障害となった。それは、ICPOに反対する陣営から突きつけられた法的問題、フランスにおける「個人情報保護法」〔一九七八年法〕の施行、そして米国のインターポール支配欲であった。

一九六六年以降、世界中に支部を持つ擬似宗教団体であるサイエントロジー教会は、一九六九年から七五年までの期間を中心にして、幹部の居住する多くの国々で問題を引き起こしていた。サイエントロジー教会は執拗にICPOを敵視し、ついには直接の攻撃に出た。一九七三年にポール・ディコップ総裁が死去してから、その親衛隊としての過去を暴露したのはこの団体の仕業であった。一九七〇年代なかばからは、ＩＣＰＯとその関係者（事務総局でも国家中央事務局でも）を法廷に訴えるという手段で組織的な攻撃をしかけるようになった。ＩＣＰＯは七〇年代終わりになって初めて、この種の訴訟から保護されておらず、国際機関なら与えられているはずの訴訟免除を必要としていることに気づいたのである。フランスとのあいだで本部についての新たな合意に向けた交渉が急務となった。当時の事務総長ボッサールは、この課題に一九七九年から取り組みはじめた。フランス政府は、ＩＣＰＯが従属的立場にあることに満足しており、交渉にはそれほど熱意を持たなかった。

一九七八年一月、フランスは「個人情報保護法」を成立させた。これがＩＣＰＯにとってどれほど重要性を持つものであるかは、一九八〇年になって明らかとなった。この年、情報処理・自由全国委員会（ＣＮＩＬ）に四件の情報化計画を提出し、初めて本部にコンピュータが導入されると、この法律の遵守を監督するためフランス警察が本部を訪れるようになったが、これは個人情報について非常に厳しい制限を課すものであった。国際機関であるＩＣＰＯは、フランス政府から、多少なりとも個人が関係する刑事上のデータのファイルを作るに際し口出しされるようになったのである。これは組織の近代化や活動、その存在自体にとって大きな打撃であった。情報はＩＣＰＯの力の源であり、現実にはその後五年間にわたって、手作業で遅々として進まず実地にも役立たないやり方に甘んじなくてはならなかった。この長く困難な時代に、事務総長とフランス政府のあいだでは、ＩＣＰＯへのフランス法の適用範囲について合意の探りあいが続いていた。この問題は非常にデリケートであり、大きな影響を持つものであった。情報処理・自由全国委員会自体も、新本部協定に向けた交渉が佳境を迎えていた一九八〇年六月になって、事務総局をフランスに残留させるためには情報処理・自由全国委員会の有する権限の制限を受け入れることを表明した。しかし、この問題は非常にややこしく、一九八一年末にようやく新たな本部協定にこぎつけたかと思いきや、情報化問題によってまた一から交渉をしなおさなくてはならなくなったほどであった。この間の一九八〇年十二月、サイエントロジー教会はこうした機会をとらえ、情報処理・自由全国委員会を通じ、教会関連の資料の閲覧を申請した。荷の重い展開が一〇カ月にわたって続き、ＩＣＰＯは落胆に包まれた。

ＩＣＰＯとフランス国家はついに一九八二年夏、監督委員会の設置を予定した妥協案にたどりつき、ほどなく十一月三日、この妥協案を盛り込んだ新本部協定に署名した。しかし、この新本部協定がフランス議会の批准を得たのは一九八四年二月になってからであり、監督委員会のほうは委員長の人選が難航して一九八五年末にようやく活動を始めた。こうして、ＩＣＰＯはまた従来通りの発展のリズムを取り戻し、より時代に即した作業条件を確保したうえ、個人の権利も原則として保護された。ＩＣＰＯとフランスとのあいだの合意は、国際機関としては初の試みであり、一九八三年六月三十日付国際連合人権委員会報告書においても取りあげられた。この分野で範を示したのが警察の組織であったというのは面白い。しかし、一九八〇年から八五年にかけて、構成員はフランスを障害と考えるようになった。情報化の遅れが技術進歩の先端を行く国際組織犯罪を利していることは明らかであった。

一九八二年十一月三日の本部協定では、事務総局とフランスとのあいだの法的関係が見直された。事務総局には訴訟手続きの免除が与えられ（これによって、国内的な法的圧力による活動の阻害・中断を避けることができる）、本部・データベース・資料・通信物の不可侵が認められた（接受国たるフランスによるものも含む）。

こうした飛躍的進展は、ボッサールの力によるものであった。しかし、その過程に要した時間と労力から、フランスが本当の障害であること（個人ファイル作成に関する立法に限らず）が浮き彫りになり、これまで表面化していなかった数々の問題が浮上してくることとなった。

米国は、第二次大戦後ほぼ一貫して、インターポールに対してほとんど関心を抱かず、関心を寄せる場合でも一時的で限定的なものか、あるいは批判するためかのどちらかであったが、一九八〇年代初頭から次第にこれに目を向けるようになってきた。実際には、麻薬関連をはじめとする国内犯罪の国際化に危惧を抱くようになり、ICPO内で影響力を行使することで、コストパフォーマンスよくさまざまな手段を利用しようと決めたわけである。一九八〇年十一月、執行委員に選ばれたばかりの米国人が総裁選に名乗りでた。しかし、これは時期尚早で、フィリピン人候補に大差で敗れた。次に登場したのが、同じく執行委員会に所属していた米国人、ジョン・シンプソンである。シンプソンは一九八二年に副総裁となる。この間、ワシントンの国家中央事務局の予算は増し、事務総局の重要ポストに人員を送り込んだ。米国はこうして、ICPOへの関心を露にし、今後これに関与していく意志を示したのである。また、米国は組織内部に親米国を作り、米国の考えるインターポールの進歩に最も寄与する事項や候補を支援する同盟を形成したのである。

一方フランスは、一九八二年の第二次本部協定以来目立った行動を取らなかった。いずれにせよ、ときすでに遅しであった。フランスに対する批判の声は高く、変化は止められなかった。外務省はこうした新たなパワーゲームを認識していたが、取れる手段は限られていた。内務省のほうは、相変わらず事務総局に職員を派遣してはいたが、同年代の大仕事であった地方分権に没頭していた。一方、一九八二年から八三年にかけては、アンドレ・ボッサールにとって状況は良好であった。しかし一九八四年九月になると、事務総局の外部顧問による組織化（組織再編）についての報告書が執行委員会と衝突するという事態が起こり、状況は暗転した。この年、ICPOの急速な成長に応えるべく新本部をリヨンに置くことになると、本部はパリにあるべきと考える米国は機嫌を損ね、ボッサールとの案件処理に当たらなくなった。一九八四年九月、ルクセンブルク総会において、総裁に米国人として初めて選ばれたのがシンプソンであり、フランスもこれに一票を投じた。従来はこのポストは名誉職であったが、シンプソンは「監査問題」についての調査を求め、迅速な調査ののち、一九八五年二月、第二期開始から一五カ月後、ボッサールは辞任に追い込まれたのであった。このとき、ICPOは一三六ヵ国を擁していた。フランス人トップの更迭は、インターポールの地位そして将来にとって決定的な出来事ではあったが、シンプソン自身もこれは過渡期にすぎないと認めていた。

現実には、ボッサールの辞任は、ドレスラーとネポットというラインを引き継ぐ大物、レイモンド・ケンダールの登場を促した。フランスは、変革の必要性を認識したか、あるいは怠慢からか、憲章にこだわることを諦め、事務総長の座を明け渡し、フランス人以外の事務総長の誕生を認めた（その代わりに、執行委員会に一ポストが与えられた）。こうして、五十二歳の敏腕警察官である英国人ケンダールが（ボッサールの推薦と米国の強い支持を得て）、まずは暫定的に、事務総長に就任したのである。ケンダールは、本部で一五年にわたり二つのポストを歴任し、当時は警察局というきわめて重要な部門を率いていた。ICPOは今や完全にアングロ・サクソンの掌中にあった。ケンダールが次回総会まで暫定的に事務総長となると、それまでお飾りにすぎなかった総裁職は活気づき、立場を強めた。シンプソンは、非常に精力的なうえ、当時の米国大統領ロナルド・レーガンの知己でもあり、早々に組織を牛耳るようになった。こうした事情が重なり、米国の影響力は動かぬものとなり、米国の計画通り事が運ぶようになっていったのである。

一九八五年十月には、第五四回通常総会がワシントンで開かれた。米国はこの機会をとらえ、ICPOへの関心の高さを印象づけた。開会の辞を述べたのは司法長官であり、そしてその翌日にはレーガン大統領自身が参加したのである。シンプソンは総会の会期の最後に行なう通例となっていた事務総長選挙を、長官の開会の辞に続いて実施した。唯一の候補ケンダールは圧倒的多数で選任された。シンプソンとケンダールは早速仕事に取りかかった。ケンダールが適宜選択を行ない、必要な決定をみずから下したのは明らかである。ケンダールを強く支持したのは、つねに出身国英国よりは米国であった。近代化はICPOにおける問題の核心となっていた。資料をデータ化し、通信手段を二十一世紀に向けたレベルに引きあげ、国際犯罪対策を仕切りなおし、さらに事務総局の機能の見直し・改革を行ない、サン・クラウドからリヨンへ本部を移転し、そのうえ通常業務をこなさなくてはならなかった。ケンダールはこうした山積する課題を数年で成し遂げ、ICPOは技術と質の両面で大きな飛躍を遂げたのである。

ケンダールがICPOの手綱を握った当時、通信システムはお粗末なレベルにあった。問題は星の数ほどあった。通信手段については、ヨーロッパ・北米・日本では比較的まし（最先端ではないものの）であったが、オーストラリアを含む太平洋地域（この地域の国々は小国が多く、一九八〇年代に大挙して加盟した）・中東地域（イランは例外）・カリブ諸島と南米（犯罪対策では重要で、米国にとっての最優先地域。なかでもカリブ諸島は、米国への麻薬の一大経由地である）においてはまったく不十分であった。ICPOのラジオ網が利用できるのは半数に過ぎず、三〇カ国あまりは他の構成員との連絡に郵便（書簡・電信・電話）やモールス信号といった原始的で確実性に欠ける手段を使うよりなかった。ただでさえ通信の洪水に飲み込まれている事務総局は、そのうえに事務総局を通さず直接にやり取りできるはずのメッセージに埋もれていた。また、本部が受け取ったメッセージは手作業で処理されていた。こうしたことが重なって、時間が無駄になり、安全確保にも重大な欠陥が生じていた。米国は情報技術委員会を設置し、米国人委員長のもとで、本部と加盟国双方に適し、かつ通信の不可侵性という基本原則を守ることのできる通信手段を模索した。こうした全体的な近代化の目的は、情報のデータ化と並行して達成されるものであった。

情報のデータ化も、もう一つの重要案件であった。どんな書類もいかなるケースも、いまだに手作業で処理されていた。しかもＩＣＰＯはそのデータバンクを土台に機能しており、当時で数十に分類された合計数十万件あまりのデータを有していた（一九八五年には四五〇万件。内容は個人情報・犯罪内容・犯罪方法など。もはや実用性のないものも多く含まれていた）。これは大量で過重であった。事務総局が受け取り処理しなくてはならない種々のメッセージについては言うまでもない（一九八五年には七〇万件）。国家中央事務局が事務総局に何かを照会したり検索開始を要請したりすると、当時は返答に平均二週間かかり、犯罪者が雲隠れするには十分であった。一九七二年以降、すでにネポットがこうした事態の推移を察知し、フランクフルト総会において情報化計画を提案したが徒労に終わっていた。一九八〇年ボッサールがこれを再度取りあげ、新たに三つを加えて情報処理・自由全国委員会に提出した。しかし、情報処理・自由全国委員会とのごたごたはケンダールが事務総長に就任した時点でも解決されておらず、事態の進展はならなかった。事は緊急を要していたのである。

一九八七年十一月のニース総会でケンダールは、犯罪情報のデータ化と通信のコンピュータ化に先立ち、予算と五カ年計画（すでに開始済みのものであったが）の承認を得た。ケンダールは日常の業務もおろそかにはしなかった。たとえば、一九八五年から、インターポールの歴史上初めて、ナチ戦犯（および人道に対する罪）でアウシュビッツ収容所の医師であったメンゲルの手配書の発行を命じた。ただしメンゲルはその数年前にすでに死亡していたものと思われる。一九八七年には、事務総局の発行した別の手配書が成果を挙げた。ナチの強制収容所の司令官ヨセフ・シュワムベルガーがアルゼンチンで身柄を拘束され、一九九〇年ドイツに引き渡されたのち、一九九二年に無期懲役に処されたのである。シュワムベルガーは当時八十歳になっていたが、こうして、ICPOそしてケンダールの力により、まだ存命しているナチ犯罪者はどこにいようとも枕を高くして眠れないことが示されたのである。

ケンダールは精力的に、そして迅速に行動した。一九八九年五月十九日金曜日、事務総局は警察官・職員ともにまだサン・クラウドにあったが、五月二十二日月曜日に業務が再開されたのはリヨンの地で、なんら業務の中断はなかった。庁舎は、今回もフランスの資金協力を得て三〇〇〇万フラン以上をかけ、予定を少し早めて完成したもので、高い壁と中庭と堀がまるで要塞の趣を呈しており、ローヌ川を見おろす位置にあった。この近代的な庁舎に、近代化の進んだ事務総局が居を構えるはずであった。この年の秋、データ化と通信のコンピュータ化が実施された。いまや本部は、国家中央事務局からの要請に二時間以内に応答することができ、緊急を要する場合には二〇分で回答を行なうことすらできるようになった。これと並行して、国家中央事務局の近代化も進められた。一九八七年の五ヵ年計画より作業が前倒しになっていたため、一九九〇年十月のオタワ総会では第二次五ヵ年計画が採択され、加盟国のうち貧困国とICPOの地域事務局への支援が予定された。

ケンダールと米国のもう一つの目標は、犯罪対策を見直し、優先順位をくつがえすことであった。具体的には、大戦前後の犯罪であった通貨偽造・性的搾取などの部門を縮小し、麻薬取引（当時すでに機構の活動の五〇パーセント以上を占める対象であったが）・マネーローンダリング・テロリズムといったより近代的な犯罪対策に力を注ぐのである。こうした転換は、その他の改革にも増して事務総局の機能の変革を要するものであった。一九八五年にケンダールは管理計画政策室を設け、組織構造の見直しを行なわせていた。警察局（官房および文書・調査・広報局とあわせて事務総局の三部局を構成）はいまだにネポット時代と同じように業務を行なっており、その下に麻薬・一般犯罪・経済犯罪の三つの部門を抱えていた。この局が組織の再編成の標的となった。ケンダールは従来の指名制を廃止し、初めて立候補を募ることとし、一九八六年初頭に警察局長のポストを日本人警察官に充てることに成功した。ほどなく、警察局では、多様な国際犯罪形態に対処するため独自の方策を採る小グループや特別班が次々と設置された。なかでも、過去の姿勢との訣別を示したのは、テロ対策部門であり、ここについに、テロの擬似政治性という問題が解決されたのである。一九八七年には第四の局として情報技術支援局が創設され、この局が業務における情報化と手段の近代化を担うことになった。

こうした一連の計画の実施は成功を収めた。ＩＣＰＯはこうして国際犯罪により鋭く効果的に迫ることができるようになり、空前の評価を得ることになる。信用は戻り、新規加盟も相次ぎ、ＩＣＰＯへの要請も増加した。一九九〇年十月、ケンダールは再選された。オタワ総会では、加盟国は加盟したばかりのソ連も含め、一五四を数えた。歴史的瞬間であった。続いて、ソ連の崩壊によって誕生した新興国が加盟する。一九九二年のダカール総会では（アフリカ諸国での総会は三度目）、一六九カ国となって、国際連合の加盟国数にあと七と迫った。ＩＣＰＯの世界における重要性はこれだけのものとなったのである。手段の近代化を図ったのちは、業務の近代化が進められた。情報の照合と伝達に業務を限ることなく、国際犯罪をさまざまな側面から分析し、その研究と成果を加盟国や当事者機関に提供することとなった。これはケンダールの新たな挑戦であった。一九九五年の北京総会で再選されたケンダールは、事務総長として最後の任期を務め、引退したのである。

第二章　犯罪と国際警察

I　歴史

犯罪は人ではなく社会の属性であり、社会と固く結びついている。たとえば財産は盗みを、貨幣は贋金を招く。そして、犯罪者は、それを生業とするかどうかにかかわらず、犯罪を犯すにも逃避するにも、場所・社会・国をまたいで往来する。こうした事情から、国際犯罪についてはかなり早い時期から、二つの特徴が認められてきた。犯罪形態の多様性（密輸入・奴隷制・海賊など）と高度化が一つ、そして犯罪者自身の引き渡し問題がもう一つである。数世紀にわたって、こうした国際犯罪に対する対策は、現地警察の努力と、緩慢で複雑な外交ルートを案件ごとに利用して行なわれてきたにすぎなかった。

十九世紀中頃に産業革命が起こり、より簡単・迅速・大衆的な交通手段である鉄道や蒸気船が登場すると、歴史はがぜん加速した。犯罪者は、ウィーン、アレクサンドリア、ニューヨーク、カルカッタにいても、ロンドン、パリ、サンクトペテルブルグにあっても、変わらず悪事を構想し、追跡を逃れる術を考えることができるようになったのだ。各国警察相互の関係はまだ考慮に値するまでもなく、警察は国境を越えて活動できず、犯罪人引き渡しの手段も発達していなかったうえ、パスポートや査証の制度がなかったために犯罪者にとって国境はなんの障害にもならなかったのである。そこで台頭してきたのがより巧妙で野心的な犯罪者集団であり、これに対峙する警察はただ狼狽し、多くの場合無力であった。

十九世紀末になると、こうした問題を認識する国も現われ、さらに二十世紀初頭には、売春婦取引、わいせつ刊行物、阿片といった、問題だが国家の尊厳を傷つけにくい活動に対して共同戦線を張ろうという動きも起こってくる。早くも一九一四年には、モナコ会議において、麻薬取引・通貨偽造・美術品窃盗・スリ・テロリズム・売春婦取引・詐欺などに対する対策が参加者の共通の関心を集めたのである。

第一次大戦を経て、国際犯罪の性質には多少の変化が見られた。以前はごく限られた特権的な「根無し草」の行為であったものが、戦争によって窮乏したり極端な政治思想に動かされたりした多数の一般人がその担い手となったのである。オーストリアの事例はまさにその象徴であって、典型的であるがゆえにインターポールの生みの親ともなったわけである。他のヨーロッパ各国と同様、あるいはそれ以上に、オーストリアは混沌の渦中にあり、通貨偽造、麻薬取引、詐欺、さまざまな政治思想によるテロリズムといったあらゆるジャンルの、あらゆる国の犯罪者による犯罪の温床であった。戦争は、各国の犯罪者を相互に結びつける働きをしたうえに、オーストリアにおいてはさらに旧オーストリア＝ハンガリー帝国の解体に伴って誕生した新興国の犯罪者の暗躍の場となっていた。始まって間もないパスポート制度は、まだ効果が現われる段階にはなかった。また、帝国当時から変わらずオーストリア当局が関心を持っていた対象は、中央ヨーロッパにとくに多く見られるジプシーであった。ジプシーは放浪の民であり、各地に散在して移動を繰り返しているため把握が難しく、そもそも祖国というものを持たない者が多いうえに、当時の通説では窃盗を働いているとされていた。ジプシーは犯罪の一角を担うもので、常時監視の対象であり、特例措置の標的だったのである。オーストリアを後ろ楯としこれに支配されていたICPCは、創設当初から、こうした犯罪形態のすべて（テロリズムを除いては）を長きにわたって国際警察の格闘相手とすることになる。

一九二〇年代になるとドルが偽造の対象となることが多くなったが、それでも通貨偽造は、いまだ経済的に脆弱な多くの国々にとって脅威であった。ICPCはただちに処置を取り、めざましい効果をあげた。一九三三年には、世界各国、なかでもヨーロッパにおける国際犯罪者三二四〇名をリストアップし、これを分類した。そのうち多数を占めるのは窃盗犯であった（全体の約半数を占めた）が、この犯罪はあまり暴力的ではなく、組織化も進んでおらず、小規模なものであった。

第二次大戦を目前にして、ICPCの事務総長を続けていたオスカー・ドレスラーは、ナチに倣い、犯罪と人種とを結びつけようとしていた。国際犯罪対策はそれなりに効果をあげてはいたが、イデオロギーと結びついた無意味で価値のない活動となっていた。戦争のあいだも犯罪者の活動は絶え間なく、国境さえも驚くほど軽々と越えて続けられていた。犯罪行為は戦前と変わらなかったが、相対的に窃盗が増えてはいたかもしれない。一九四四年初め、ポーランドのズロティ、イギリス・ポンド、アメリカ・ドルといった偽札が中央ヨーロッパで大量に出回り、占領下のベラルーシにまで広まった。ときにはナチもICPCを利用してレジスタンス運動家を探しだした。新しい類型の犯罪を作りだしたのである。

戦争は終結したが、戦争とは別の混乱が到来した。それは、第一次大戦後に比した、あるいはそれよりもたちの悪いものであった。ナチの圧制が過ぎ去り、もはや犯罪者の恐れるものはなかった。通貨制度は揺らぎ、闇市場が跋扈し、国境はまた激動にさらされ、人口の大移動が起こり、各国の警察は狼狽するばかりだった。犯罪者は軍やマフィアの出身であることも多く、武器や弾薬を大量に保有しており、交通手段は発展を続けていた。国際犯罪にとって条件は揃いに揃っており、通貨偽造、窃盗、密売取引にはうってつけであった。しかし、犯罪者の顔ぶれは戦前と同じであり、また昔ながらのやり方で事を運んだ。こうして国際犯罪はまだしばらくレトロな魅力をたたえていたのである。

一九五一年、ICPC本部には六万にのぼる国際犯罪データが集まっていた。とはいえ、これが同数の犯罪者にあたるわけではなく、たいていは一人が複数のデータに顔を出していた。五〇年代末には、国際犯罪の進化を反映し、麻薬と組織犯罪について警察同士の会合が開かれるようになった。麻薬の使用と非合法取引は、六〇年代に入ると、アートシーンやヒッピー界での需要に押されて著しい増加を見せ、七〇年代以降主要問題の一つに数えられるようになった。通貨偽造、密輸入そして麻薬取引は、国際的な対策の優先事項となる。これより少し前、一九六八年は、国際テロリズムが再興した年であった。一時期、国家中央事務局が国際犯罪に対して広大な展望を描き（ほどなく現実的な思考に引き戻されたが）、海岸に横たわったり泉で水浴びしたりしている西欧諸国への旅行者情報を事務総局に送るという案まで出現したが、八〇年代には状況は大きく変化した。麻薬取引の増大がとどまるところを知らず、テロリズムはその頂点に達し、ホワイトカラー犯罪（経済、情報、金融分野における犯罪）が台頭する一方で、通貨偽造や風俗犯罪は低調となった。これ以降、国際犯罪は組織化が進み、定着し、場合によってはなんらかの援助を受けていることさえあった。一九八五年には、ＩＣＰＯの警察局は六万件の事件を取り扱っており、その内訳は、麻薬関連が最多（四万三〇〇〇件）、通貨偽造が六五〇〇件、対物犯罪が五五〇〇件、対人犯罪が三八〇〇件、詐欺が三五〇〇件となっている。ＩＣＰＯは、こうしたデータに基づいて再編された。

Ⅱ　国境なき犯罪

1　概説

国際犯罪を定義することは意外に難しい。越境は基本的な原則である。自国以外で犯罪を犯せば、確かに国際犯罪者である。しかし、それが自国で逮捕されれば、統計上は国内犯罪者に算入されることになる。身柄の拘束に至る場所が非常に重要な要素なのである。ある者が、自国内で、外国人または他国に対して罪を犯した場合には、事態は複雑になってくる。米国人がワシントンで偽ドル札を製造し、ドルが世界中で流通する基軸通貨であるがゆえに、国際規模の犯罪となった場合が一例である。また、犯罪者と同じく被害者も、人身売買の場合には国境を超えることがある。国際犯罪者は、必ずしも移動するわけではなく、仕事を片付ける国の国民であってもかまわない。現に、財の移動は国際犯罪のもう一つの要素である。犯罪の道具（武器、弾薬、物資）であれ、品物や製品（美術品、宝石、麻薬、偽造通貨、偽造物、書類、商品、資金）であれ、こうした財が国際犯罪の一翼を担うのである。また、犯罪に関わる指令や意向が国境を越えて伝達された場合には、アイデアの伝達も犯罪の一要素となりうる。もっと形のないものでは、盗聴や詐欺などのコンピュータを使った犯罪もある。

多くの場合国際犯罪は地理的・言語的・文化的に近いところから始まる。何らかの形で自分にとって近い国や、移民を受け入れていて難なくそのなかに紛れ込むことのできる国が、犯罪者が犯行に及んだり姿を隠したりする場所となるのである。しかし、それだけに限定することもできない。国家間の貧富の差も、犯罪の増加の一因となる。途上国出身者は現状から抜けだそうとして、どこか別の場所で、足りないものを法を犯してでも手に入れようとする。しかし、ベクトルは逆を向くこともある。こうした地域の豊富な資源は、違法な活動を繰り広げる人びとを惹きつけてやまないからであり、また、産業化社会に内在する欠陥は、憎悪からの報復や忘却願望によって、テロリズムや麻薬使用といった国際的な犯罪を内部から招くこともある。内政そして外交政策も影響を持つ。たとえば、国境が開放されれば、通貨偽造などが生じ、戦間期の米国の禁酒のような禁止事項があれば、外国からの密輸がはびこる。戦争についていえば、武器や麻薬の密輸が起こる。交通手段（ヒトやモノが迅速に世界中どこへでも移動し、姿を隠すことが可能となった）・通信手段・コンピュータなどの技術の進歩は、地球規模での組織犯罪の発展に寄与することとなった。ヒトやモノに対する国境解放で望まれる法的な進歩は、税関におけるコントロールにも変化を及ぼし、犯罪の実行をますます容易なものとした。風俗の変化も国際犯罪に影響している。たとえば性慣行や麻薬使用などに対し、社会はより寛容になり、こうした分野の犯罪に対する対策にも影響が現われてきた。最後に、予防や禁止は一定の役割を持つが、必ずしも期待通りの結果を招くわけではない。こうした手段は、標的となっている活動を休止に追い込むよりも、ルートや実行方法を変えたにすぎないということが多い。銀行が警備システムを取り入れたことで襲撃は世界的に減少したが、人質をとっての襲撃の増加を招いたし、フレンチ・コネクション〔フランスと米国を結ぶ麻薬密売ルート〕に対するフランス・米国連合の勝利は、ヘロイン取引が新たに極東で行なわれるという結果に終わった。

国際犯罪者そのものには、さまざまな種類がある。たまたま悪事に手を染めた者とそれを生業とする者があるし、個人・チーム・徒党・集団がある。一時的に国際犯罪に携わる者は数としてはそう多くない。これにあたる者としては、衝動的に殺人を犯して逃亡した者、量の多寡はあるが麻薬を携行した旅行者、なんらかの人物や主義主張のシンパで些末な仕事を請け負ってテロリズムに加担した者、海運や民間航空といった類の職業に従事している者がその立場を利用してちょっとしたものを運搬する場合などが挙げられる。犯罪のプロは、違法な活動により財をなすが、専門に特化する者もそうでない者もいる。こうしたプロのノウハウは広範で、最も危険性の高い部類に入る。

この世界では、一時的な犯罪者と同じく、一匹狼もまれである。隠匿者、共犯、仲介者などの支援なくして事をなすのが次第に難しくなってきているからである。チームとは、窃盗やトラベラーズチェックの交渉といったどちらかというと限られた仕事を共同でこなす、少人数の集団で、ときには家族単位のこともある。もっと人数が増えたものが徒党であり、強盗、武器を伴う暴力行為、詐欺などのために定期的に集結する。これがさらに存在感を増し、組織的になると、まさに「闇社会」という犯罪集団となり、あらゆる犯罪行為（ただしその中心はあくまで売春、窃盗、暴力行為である）に手を染めるようになる。そのなかには国内外で活動する外国人メンバーも含まれることがあり、国内外で共犯となるが、幹部は前線から身を引いているために司法当局や警察の手はなかなかそこまで届かない。

組織犯罪は、犯罪集団の、さらに洗練された（しかし統一されてはいない）形態である。たとえば、欧米には、シチリア（伊）発祥のマフィア、ナポリ（伊）発祥のカモッラ、米国のイタリア系マフィアであるコーザ・ノストラなどがあり、アジアにおいては中国の三合会、日本の暴力団（そのメンバーがやくざである）、ラテン・アメリカにはカリやメデリンといったカルテルがある。こうした組織は強大かつ常設的で、巧妙で多岐にわたる国際規模の支部を持ち、表向き合法的な顔を持つことも多い。その活動は、国内外のあらゆる犯罪に及び、その仕事に現われているごとく、コンセプトも目的もおおがかりである。実際、「産業としての」利益を最大化すべく、思いつく限りの策略を用い、その策略を合法的に取り繕いながら、世界中で、あらゆる違法な活動に手を染めている。組織犯罪の財力は巨大で、力をどこまでも追求し、非常に洗練されており、良心の呵責といったものは微塵もなく、莫大な利益を上げる。その活動の原動力には肩を並べるものはなく、共謀関係は広範で、活動範囲は世界中、少なくとも大陸全体に及ぶのである。

暴走族（ヘルズ・エンジェルズなど）その他のプロフェッショナルなグループ、民族的な徒党そして組織犯罪集団の発達と拡大は、非常に憂慮すべき事態である。

2　人身に対する犯罪

殺人・暴力行為・人権に関する犯罪・人身売買・ポルノグラフィー・テロリズムなどがこれにあたる。

殺人は、世界中の人びとの嫌悪の対象であり、世界中で罰せられる犯罪であるが、国際犯罪としての分類では、比較的件数の少ないものである（とはいえ、一九八六年には四〇〇件ほど起こっている）。犯人は、一個人から犯罪組織のメンバーまで、その類型は多岐にわたる。暴力行為もときには国際的なものであることがあり、スポーツ祭典に際し、チームの応援を旗印に、ならず者たちが国外へ移動する場合を一例として挙げることができよう。

人権に関する犯罪は、個人レベルでも国家レベルでも起こりうる。国家については、国際条約によって、戦争犯罪、人道に対する罪、人種隔離犯罪が規定されているが、国際社会が直接に戦争に関与していない場合には、国家主権と適切な手続の欠如から、こうした犯罪を罰することは難しい。個人についいては、奴隷となることがありうる。国際的なケースはまれではあるが、宗教団体のメンバーや移民労働者などについての事例が見られる。

人身売買は、一般に売春目的で人を国外・大陸外へと移動させるもので、古代までさかのぼる。性的奴隷の取引が「売春婦取引」と称されるようになったのは十九世紀のことで、この時代から、国際協力による対策が始まった。一八九九年、初めての売春婦取引撲滅のための世界会議が開かれ、一九〇四年には協定が、一九一〇年には条約が結ばれる。同年、米国シカゴ在住のカップルが、北米の売春宿に二万人の南米人を送りこんでいたことが明るみに出た。一九三三年は、売春婦取引に関する新たな国際条約が締結された年であった。すでに当時、フランスから南米に至る売春婦供給網は有名になっていた。第二次大戦後、国連総会の全会一致で採択された一九四九年十二月二日の人身売買および他人の売春からの搾取の禁止に関する条約〔人身売買禁止条約〕をはじめとして、売春婦よりはむしろ売春斡旋（他の犯罪行為と結びついていることが多い）こそ処罰すべきであると認識されるようになった。しかしこの条約は対策を進めるにあまり適しているとはいえなかった。ICPOの事務総局は、シコーのもとで一九六〇年に、ネポットのもとで一九六五年に、条約に対する批判を行なったが、国連から必要な修正を引きだすことはできなかった。現実には、次第に取引の流れが反転し、これまでとは逆に貧困国から富裕国への流れに変わっていった。各国の国家中央事務局は、売春婦取引対策を優先課題と位置づけているようには見えなかった。一九七四年、ネポットはそこに新風を吹き込もうとした。一九七五年の事務総局報告からは現状を熟知していることが窺われ、組織内での認識も高まった。しかし、サン・クラウドにて人身取引に関する第一回国際シンポジウムが開催されたのは、ようやく一九八八年の九月になってからであった。シンポジウムでは、人身取引は著しい増加を見せており、非常に組織化されていることが明らかとなった。加盟国は、常どおり、こうした現状に対策を打つため関与を強めた。しかし、取り扱った事件の件数は取りあげるに値しない程度であった（一九八九年に六〇件ほどで、そのほとんどがヨーロッパ関連であった）。すでに当時、こうした取引の対象には男性も含まれ、さらに憂うべきには子どもにまで及んでいた。こうした子どもたちは、セックスツーリズムや一部の養子縁組ネットワークの格好の標的となっていった。いずれにせよ、意思表明とは裏腹に、国家中央事務局も事務総局も対策に身が入っておらず、人身取引対策については長年の組織的な怠慢がたたっているのである。

ポルノグラフィーも古くから警察の関心事であった。わいせつ刊行物の撲滅のための国際条約は一九一〇年、ついで一九二三年に締結されている。風俗はより解放的になり、取引は減少したが、その重大性は増している。というのは、とくに獣姦や幼児性愛が、性的目的での子どもの売買と結びついているからである。ポルノグラフィーは組織犯罪の大きな市場であり、子どもがその重要な一角を占めているという推察もある。スウェーデンとデンマークが米国向けの児童ポルノの一大製作・輸出国であり、国内の市場も大きいが、こうした活動の顧客は世界各国に散らばっている。

3　物に対する犯罪

これは窃盗と隠匿であり、武器を伴う攻撃、強盗、自動車や文化財の窃盗や取引など、その種類は豊富である。こうした犯罪に対する処罰が世界的に統一されているわけではないことは自明であろう。

武器を伴う強盗と資財の強奪は、国際レベルで毎年数百件起こっており、警備手段の発達に呼応して、人質の奪取に至ることもある。こうした犯罪は、組織犯罪とつながり、専門的で非常に危険性の高い、国内外の犯罪者が一緒に組む集団の仕業であって、国境を越えて任務を遂行する。

空き巣は、不法侵入を伴う窃盗で、地中海沿岸、南米、中央ヨーロッパ出身の技術の高い専門集団の仕業であることが多い。こうした集団は、組織犯罪とつながっていることもあり、国から国へと渡り歩いて、どこかに身を潜めては犯行におよび、事が済むとすぐに戦利品を他国へ持ちだすのである。

器用窃盗は、スリまたはすり替えである。スリとは、他人のポケットを空にすることであり、すり替えとは、たとえば宝石店での買い物を装い、本物と贋物とをすり替えることを指す。こうした犯罪の主要メンバーは高い技巧を誇る放浪者である。ヨーロッパで活動する南米出身者が有名であり、その数は増えつづけている。

乗り物の窃盗取引には、自動車、トラック、傭船、そして船舶に対する海賊行為がある。西ヨーロッパをはじめとする先進国で盗まれた自動車は、たいてい国外〔アフリカ、アジア、アメリカ大陸〕へと移送されるが、トラックや傭船、なかでもTIR〔国際道路運送手帳による担保のもとで行なう貨物の国際運送に関する通関条約をTIR条約と呼ぶ。TIR証書またはプレートを付帯する貨物またはコンテナについて、詰め替えなしに経由国などで国境を通過する場合に税関検査が免除される〕は格好の標的である。緻密な構造を誇り、ときに組織犯罪を由来とするこうした犯罪者が得る利益は莫大なものだ。海賊行為は、海賊旗をひるがえした帆船時代以来綿々と続いているだけではなく、ますます悩みの種となってきている。麻薬を含むさまざまな取引とも結びついている。

文化財の窃盗と国際取引は、一九七〇年十一月十四日の文化財の不法な輸出、輸入および所有権譲渡の禁止および防止に関する条約〔文化財不法輸出入等禁止条約〕によれば、次のような物品が対象となる。前史時代の石器から、ナポレオンの自筆書簡、古代のレリーフ、中国家具、そしてピカソの絵に至るまで、商品としての価値もあるが、そうした価値に加え、文化的芸術的な貴重な価値を有するもので、条約ではこれらを一一のカテゴリーに分類している。こうした活動が本格的に始まったのは二十世紀初頭、美術品に高い商業価値が認められるようになってからである。《モナ・リザ》は一九一一年にルーブル美術館から盗まれ、犯人はこれをイタリアのフィレンツェで売却しようとした。インターポールが対峙したのは、まず一匹狼で犯行に及ぶ面々であった。一九四七年、ジャン・ネポットは、国家中央事務局にこれに特化した手配書を送致するシステムを創設した。一九六〇年には、窃盗犯はよりプロフェッショナルになり、ネポットは事務総局に専門の対策チームを置いた。一九七二年からは、通常の手配書に加え、年次手配書も発行し、これに最優先で捜索中の一二の美術品が記載された。九〇年代に入ると、文化財の窃盗取引は、国際犯罪のなかでも最も利益の上がる活動となった。こうした犯罪は、テロ組織の資金源になるといったように他の犯罪と結びつくこともある。ICPOへの介入要請は主として西欧諸国から出されているとはいえ、アフリカ・アジア・旧社会主義国もこうした問題を考慮するようになってきた。しかし、犯行地と戦利品の売却地とのあいだに国境や仲介が幾重にも入るほど、犯罪者は安泰である。その一方で、当の物品は、同じような市場に再び姿を現わすまでには三年以上かかることが多い。このように、ICPOが努力してはいるものの、犯人は行方をくらますのに十分な時間があり、解決に至る事件は多く見積もってもせいぜい一〇パーセントにすぎないのである。

4　経済・金融犯罪

「ホワイトカラー」犯罪とも呼ばれるこの巧妙な犯罪は、不法利益を得るため手段を尽くして法をかいくぐるもので、莫大な額が動く。犯罪者の悪知恵はとどまるところを知らない。ICPOは、国際的な経済・金融犯罪を三〇種ほどリストアップしているが、活動は停滞知らずで、その進化の速度も著しい。一九九一年、事務総局の経済金融犯罪課は二〇〇〇件近くの新規案件を扱ったが、これは当時すでに前年比二七パーセント増を記録していた一九九〇年にくらべても、さらに三三パーセントの増加にあたる。途上国をはじめとする各国の国家経済が脅かされており、なかにはその根幹が揺さぶられている国もある。しかし、その犯罪の実行方法は星の数ほどあるうえに、国によって禁止の程度にばらつきがあり、これが対策を困難にしている。さらに、ホワイトカラー犯罪対策は、事務総局の活動項目としては麻薬取引対策の後塵を拝しており（二つは関連性もあるが）、二十世紀から二十一世紀への変わり目において、その方策は貧弱である。このように、将来が深く懸念されるのである。

関心の高い事件のなかには、コンピュータ犯罪とマネーローンダリング（不正資金洗浄）がある。ハイテク犯罪は、懸念が突如として現実化したものである。プログラミングができる電子計算機が初めて世に現われたのは第二次大戦時で、コンピュータがひろく商用利用されるようになったのは一九七〇年代の集積回路の登場以降であるが、これを利用した最初の犯罪は一九五八年に起こっている。ICPOは、この問題について、一九七九年に一連の会議を開催した。ここで扱われたのはおもに、あるシステムに侵入し、金を横領したり恐喝を行なったりするハッキングであった。こうした犯罪においては、標的となる組織の内部に共犯者がいることが多い。工業・商業・科学・軍事分野で今後が憂慮されている盗聴問題などがこれにあたる。問題は、標的となった企業、銀行その他が、事件が明るみに出て顧客に対するイメージダウンとなることを恐れ、警察に通報しないところにある。さらに、他人のパソコンへの侵入や情報の奪取を犯罪と見なしている国は非常に限られている。また、通常の電話回線を通じてつながっているシステムというのは、その回線を通じて容易にこれにアクセスすることができ、この分野で境界線というものは存在していない。これが捜査をさらに困難にする要因である。なぜなら、足跡を攪乱する手段は万とあるため、こうした事件は、他と異なり、解決は捜査活動ではなく偶然の賜物であることがままあるからだ。ＩＣＰＯのデータベースは警察専門の電話回線によりつながっているため、理論的には、少なくとも外部からはこうした問題に巻き込まれないはずであるが、きわめて低い確率とはいえ、内部からの侵入のリスクは存在する。ＩＣＰＯのコンピュータ犯罪対策班は、限定的とはいえ、いくつもの事件で成功を収めている。

犯罪に由来する資本の再利用はマネーローンダリングの名で知られており、これもＩＣＰＯが憂慮している課題である。犯罪活動による現金利得を合法的なものと装う慣行は昔から存在する。しかし、「マネーローンダリング」という表現は戦間期に登場したもので、米国のコーザ・ノストラが、現金払いを扱う傘下の合法的な企業の収入と不法に得た利益とを混交することにより自動的にマネーローンダリングを済ませてこれを再利用するという手段を選んだ頃からである。とはいえ、ＩＣＰＯがこの種の犯罪に関心を持つようになったのは、一九八〇年代初頭、南米発の麻薬取引が爆発的な広がりを見せてからであった。その資金は運び屋が身をもって国から国へと運んでいた。これは最も古典的かつ簡明なシステムであり、いったんは衰えたが、銀行が疑惑のある預金口座について警察と協力を強めるようになったため、再び復活する傾向にある。しかし、運び屋には、現金の量や重さという問題がある。これ以外にもっとずっと複雑な流通方式として、換金が容易な財（美術品、カジノ札、保険証券）の購入によって一時的に他の形状を取らせる方法や、もっと洗練されると電子決済や金融取引を行なって最終的には ローンダリングの済んだ資金を合法的な流通経路で回収・再利用するという方法がある。ローンダリングされる資金は、毎年数百億フランという天文学的な額にのぼる。

一九八三年、ボッサールが犯罪活動資金対策部門を立ちあげ、最初に取り扱った事件は一九八四年の「ピザ・コネクション事件」〔米国の犯罪組織コーザ・ノストラがピザパーラーを舞台にヘロインを売りさばいていた事件〕で、三億フランが関わっていた。しかし、努力は続けられたものの、闘いは対等とはいえなかった。銀行取引のなかで合法なものと非合法なものとの線引きはあいまいで、紙一重のことも多い。また、国境開放や旧東側諸国の自由主義経済入りは、ローンダリングの実行にますます好都合であった。これに加え、この分野での警察間協力は、各国政府がそうした意図を確認し宣言したにもかかわらず、なぜか遅々として進まなかった。一九八五年、ケンダールは構成員に対して、この問題に関する法規モデルを提示したが、八〇年代の終わりになっても、マネーローンダリングを犯罪と規定する国は米国、フランス、英国、日本のたった四ヵ国のみであった。その他の国々では、銀行機密を口実に二の足を踏むか、さもなければ、ありていに言ってしまうとローンダリングに協力しているのである。犯罪活動資金対策部門のほうは健闘しているのだが、この重要な分野において効果をあげるにはいかんせん人手が足りていないのが現実である。

5　偽造物と偽造物取引

これは、通貨・文書・なんらかの商品の真偽性について他人を欺くことである。偽造物市場は、高級品は言うに及ばず、オーディオビジュアル、コンピュータ、製薬、巨匠の絵画、蒐集対象となる切手など、交換経済のあらゆる場面に関係している。米国国防総省の一人は、一九八〇年四月のイラン人質事件において、ヘリコプターによる人質救出が機器故障により失敗に終わった原因は、ヘリコプターに取り付けられた偽部品によるものだったと話している。偽造物産業は多大な儲けをもたらすため、世界中で盛況である。しかし、一般に政府は対応に腰が重く、こうした活動の被害者となった企業も、コンピュータ犯罪の場合と同様に、評判に傷がつくことを恐れて被害を表沙汰にしたがらない。企業はこうした理由から、必要な場合に訴訟を起こすとしても、それに先立ち警察に助けを求めるよりは、私立探偵に依頼するなり、自前の調査部門を使うなりしがちである。他方で、一九九〇年代の時点においては、偽造物対策における各国の国内法規の調和は実現から程遠い状態にある。カナダ、米国、フランス、英国の四ヵ国だけが、商品の偽造を刑法上の犯罪と規定している〔日本では商品の偽造自体ではなく、それによる知的財産権侵害を罰している。ただし、公文書や通貨・有価証券の偽造は刑法上の犯罪である〕。同時期、ICPOの事務総局が、機構が関与した偽造による逮捕の事例を挙げることができなかったのもこうした事情によるのである。

行政文書偽造は、とくに身分証明書、パスポート、運転免許証などについて、偽造（まったくの贋物）、改ざん（本物だが修正されているもの）、本物の不正入手などを行なうことを指す。こうした文書は、麻薬取引、自動車窃盗、不法移民、テロリズムなどに利用され、国際刑事警察機構への通報数は、一九八一年から八六年までのあいだに三倍に膨れあがった。

通貨偽造は、おそらく貨幣の誕生と同じぐらい古い犯罪である。国家がその主権と経済を守ろうすれば、通貨偽造を害悪とみなし、この犯罪に対する対策に重点を置くことになる。こうした事情は、一九二三年のICPC誕生の際にも同様で、『贋造・偽造』という冊子がほどなく創刊されたのはその現われである。一九二六年には、この問題の担当班がウィーン本部に設置された。一九二九年になると、ジュネーブ条約によって、偽造通貨に関する国家による処罰と協力の方式が規定され、現在に至るまで警察による対策の基本となっている。そこでは処罰において自国通貨と外国通貨による差を設けてはならないとされており、この犯罪の国際性が際立っている。真贋にかかわらずある通貨というものは一国内だけで流通するものではない。通貨は、それが強い通貨であればなおさら、他国においても価値を有するのである。ＩＣＰＯは、五年ごとに偽造通貨に関する国際会議を開催している（第十回は二十一世紀に入ってすぐの開催である。これはこの問題の重大性を認知させるに十分であろう）。偽造通貨は、貨幣（金貨、蒐集通貨など）のこともあり、紙幣のこともある。数十カ国が被害を受けているが、通貨偽造の主たる標的はアメリカ・ドルである。その理由は、模造の難易というよりは、その価値と、ドルが世界的に流通しているところにある。偽造ドルが多く流通している国としては、コロンビアやリベリアなどの小国が挙げられる。こうした国は、テロリストや傭兵の麻薬取引や武器取引の地であり、ならず者たちは、常石どおり贋金で支払いをするのである。偽造者の顔ぶれについては、かつての限られた手段を持つ一個人や小集団から、組織犯罪へと変わってきている。一九七七年から八七年までのあいだに、偽造通貨の押収量は三倍に増え、一九八七年から九二年までのあいだにもさらに三倍に増えている。事務総局は、テロリズム、麻薬・武器取引、通貨偽造が相互のつながりを日増しに強めていると見ている。

通貨の代替物の発展に伴い、ＩＣＰＯが懸念を深めている現象として、小切手やクレジットカードの偽造がある。事態の把握を進めるため、ＩＣＰＯは、一九九一年に初めて、この問題に関する作業部会会合を開くよう求める民間（ビザ・インターナショナル）の要請に前向きな回答を行なった。しかし、機構の有する手段は、既存の活動への対策にすら十分ではなく、この新たな形態の犯罪に今後対策を講じられるかどうかには疑問を抱かざるをえない。

6　密輸入、その他の取引

このカテゴリーには、種々の商品・武器・麻薬の取引が含まれる。

国際犯罪のどの分野でも、人身売買を含むさまざまな商品取引が関わってくる。ここでは取引は二次的な活動であり、主たる活動に付随するものである。しかし、こうした取引は、たとえば商品そのものは違法活動の産物でない場合などでは、それ自体を目的とする活動にもなりうる。このように、あらゆる商品が密輸入の対象となる。禁酒法時代の米国向け酒類や第二次大戦後のヨーロッパ向けタバコなどはとくに有名であろう。第三世界の金や宝石の先進国向け取引は、産出地域の経済に大きな被害を与える。生きた動物やその副産物（革や象牙など）の取引も問題である。こうした分野においては、各国の国内法のばらつきが密輸入業者の暗躍を許す一因となっている。

国際武器取引は、一方では闇社会、他方ではテロリズム・ゲリラ活動・経済制裁の対象となっている国々と密接に結びついている。取引の対象となるのは、個人用武器、戦争用武器そして爆薬である。Ｉ

CPOがこの問題に取り組むようになったのは、一九七〇年代、事務総局がアイルランド共和国軍のナショナリスト対策として米国の中央情報局・英国の情報局秘密情報部・ロンドン警視庁の特別班と協力したことに始まる。しかし、テロリストや革命運動との武器弾薬の取引撲滅という分野においては、特殊機関の能力がICPOをしのぐ。したがって、ICPOはむしろ各国の国家中央事務局の要請に従って補助的な役割を担うことになる。一九七〇年代には、個人用武器のコントロールや売買に関する国内法がばらばらであることに懸念が表明されていたが、一定の努力は見られつつも、調和の実現には至っていない。

麻薬不正取引は非常に大きな問題である。これは現代の重要かつ主要な犯罪現象であり、ICPOが早くから関心を寄せている問題である。こうした取引が公衆衛生や一般犯罪に及ぼす影響や、取引から生みだされる莫大な不法利益はもとより、取引が国家経済に対する脅威となり、さらには麻薬組織のボスと馴れ合う国家もあることから国家間関係をも揺るがしかねないため、警察は世界的かつ重点的に対策を講じているのである。

すでに一九二六年に、ICPCは、麻薬取引対策として、各国の中央警察に情報交換窓口を設けることをはじめとした対策措置を講じるよう提案している。一九三〇年には、こうした対策においては国際的な取りまとめ機関が必要であるとの認識が高まった。取引は質量両面で重大さを増し、ネットワークが構築され、そのボスはまさに産業の主となっていた。米国、続いてヨーロッパ諸国による要請も高まってくる、一九六〇年代から七〇年代にかけて、こうした活動が従来よりもさらに高い次元に発展していった当時、対抗策としてはネットワークに諜報員が潜入するという手法しかなく、その成果は確実性に欠けるものであった。ICPOは、一九六六年の総会でこの分野についての勧告を行なうことで満足するというおめでたさであった。一九六八年のテヘラン総会で阿片（ヘロインが得られる）の製造解禁をイランが表明すると、それまでもかなりの量の取引の対象となっていた米国が行動を起こし、ついにはICPOに積極的に関与するに至り、ICPOはその圧力のもとでさらに麻薬対策を進めていくようになった。世界的な取引高は驚異的な伸びを続け、それに伴い中毒者の数も増大しており、これは西欧諸国に顕著である。一九七二年には、ICPOはその二年前の三〇四パーセントにあたる事件数を扱った。しかし、ICPOはそのエネルギーの半分以上が麻薬不正取引に割かれていたとはいえ、組織内で本当に認識が高まったのは、一九八〇年代にスリランカ、旧東側諸国そして米国の復帰の「おかげ」であった。一九八二年以降、スリランカのタミルからのヘロインが東側諸国を経由して西欧諸国に大量に流入するようになった。ワルシャワでこれまでになく多量のヘロインが押収されると、ICPOに加盟していなかったポーランド警察は外交ルートを通じてICPOとの協力をはじめ、最終的には事務総局まで赴くこととなった。調査が始められ、これはまさに麻薬の国際取引に対する現代版対策の幕開けとなった。他の東側諸国も、必ずしも加盟せずとも、ICPOとの協力を進めるようになる。この一九八四年は、ボッサールによる犯罪活動資金対策部門設置の年であり、麻薬課と緊密に連携しながら、麻薬取引が大量に生みだす不法な資金の流れの研究が進められた。同年十月には、総裁に米国人シンプソンが就任し、麻薬取引対策の強化を目論む。一九八五年一月には、西ドイツ・スペイン・フランス・英国・スリランカの各国の責任者が事務総局で顔をあわせ、同年内にタミルのネットワークが解体に追い込まれた。一九八五年には、世界全体で九〇〇〇件の国際事件において一万六〇〇〇人以上が逮捕され、ヘロイン五四〇〇キログラム、コカイン五三〇〇キログラム、大麻三〇三トンが押収された。推計によれば、押収量は取引全体の七パーセントから一二パーセントにあたる。

事態の規模には憂いを抱かざるをえない。一九九〇年にソビエト連邦がICPOに加盟したのは、国際麻薬取引に悩まされてのことであった。押収量はつねに膨大で、取引の生む収益も増加の一途をたどっていた。事務総局の推定によれば、麻薬取引による収益は、一九九〇年代初頭の時点では年間五〇〇〇億ドル前後で、武器取引の次に、そして石油取引をしのぐ利益をあげる活動となっていた。組織犯罪集団はどれも麻薬取引に手を染め、その中核を担っていた。取引に携わる者の構想力と執拗さ、そしてその手段は、とどまるところを知らない。あるネットワークが根絶されても、他がすぐにこれに取ってかわる。今では、麻薬の生産国が消費国ともなっていることがわかっている。麻薬物質そのものについては、自然界の産物であるヘロイン（阿片の合成物）・コカイン（コカの葉から取れる）・マリファナ・ハシッシュ（大麻から製造される）のほかに、現在では向精神薬や合成薬剤（幻覚剤・覚醒剤・エクスタシー・アイスなど）がこれに加わっている。後者は化学原料を必要とするためその製造は先進国で行なわれることが多く、これに伴い先進国も麻薬輸出国となっているのである。

また、麻薬取引が政治やテロリズムと結びつくことも珍しくはない。たとえば、スリランカのタミルでは、取引によって中央政府に対する闘争資金を得ていたし、レバノン、アフガニスタン、南米でも同様である。ＩＣＰＯや米国が麻薬取引対策に強い意思をもって乗りだすと、まさに南米に見られるように、強い緊張状態が生じる。なぜなら、麻薬は莫大な利益をもたらすものであり、政治の上層部を含むあらゆる社会階層の人びとがこれに関与しているからである。その禁止がＩＣＰＯにとって大きな成功をもたらすとしても、麻薬取引が将来にわたり現実に大きな懸念要因であることは変わらないのである。

Ⅲ　テロリズムの場合

テロリズムは、長年にわたりインターポールが対応に苦慮してきた問題である。それは、この犯罪が政治的性質を帯びているからにほかならない。警察官たちは、国家の問題に介入することは組織にとって望ましくない結果をもたらすとの認識を抱いており、創設以来、（少なくとも発言や行動において）この種の問題に首を突っ込むのを控えてきた。とはいえ、それなりに理由ある例外がまったくないわけではない。ヨハン・ショーバーとオスカー・ドレスラーは、当時のナチ体制に協力し、この方針からは多少なりとも外れていた。また、当時すでに、テロリズム（無政府主義者、共産主義者、国粋主義者などによる）が人的物的被害を引き起こしており、暴力的な活動を活発に繰り広げていた。一九三〇年代には、国際社会はインターポールがテロリズム対策に関与することを問題視しなくなっていた。テロ行為は普通法上の犯罪であるとの見方が一般的となり、一九三五年にコペンハーゲンで開催された刑法統一のための会議では、これを政治犯罪とすることが拒否されている。つまり、完全なすれ違いが、これから半世紀にわたって続くことになるのである。

第二次大戦後、フランス出身の事務総長たちは、チェコスロバキア航空機のハイジャック事件やナチの犯罪者捜索などにおいて、何度かこうした政治的な概念によって足をすくわれたが、それでもインターポールがテロ行為に関して精緻な考えを持つべく尽力した。一九五〇年にチェコスロバキアの民間航空機のハイジャックが起こると、リスボン総会において、事件を取扱うか否かについて、国際犯罪の政治性の強さを評価するという考え方を恐る恐る導入することにした。つまり、事件の主たる性質を基準とするという原則である。ICPCおよびICPOの時代を通じて、インターポールは少しずつ行動を起こしていき、取り扱うことになったデリケートな各ケースについて研究を深めてはいったが、この分野に関して何らかの指針を打ち立てることはなかった。

しかしテロリズムの脅威は増し、ときとともに現実的なものとなっていった。一九六八年にパレスチナ側のアラブ連合軍がイスラエルに敗北を喫すると、パレスチナ人は声をあげる手段としてテロリズムを選ぶようになった。ハイジャックや人質事件が世界中で次々に起こった。しかし、一九六九年総会においては、ネポットがこうした犯罪形態について普通法に関する面だけを考慮すると保障したにもかかわらず、代表団は多数決（アラブ諸国は全員一致で）によって、ハイジャックに関する報告の聴取を否決した。翌年になって報告は行なわれたが、代表団はこの時点でもまだ、テロリズム対策に係わり合いを持たないように示し合わせていた。ICPOが受理できる民間航空機に関する違法活動は犯罪者および精神異常者による事件だけしかなかったのである。これに続いて、一九七〇年代に入ると、イタリアとドイツの学生が、自国における革命、日本の左翼、北アイルランドのカトリックなどの挫折に失望し、地下運動やゲリラに合流して襲撃や暗殺などのテロ行為を行なうようになった。こうした運動はどれも互いに一時的または持続的な関係を有していた。ICPOはなんら動こうとはしなかった。したがって、テロリズム対策はICPO抜きで、問題意識と価値を共有するヨーロッパ諸国を中心とした国々のあいだで協力が進められることになる。一九七一年にはベルングループが結成され、協力の枠組みとなった。

一九七二年には、ＩＣＰＯの総会を二週間後に控えた、ミュンヘンオリンピックの最中に、「黒い九月」を名乗るパレスチナ人グループが、イスラエルの代表団を無差別に殺害した。世界中に戦慄が走った。しかし、テロリズム問題は総会で取りあげられることなく、ネポットはテロリストに関する情報を提供ないし公表することを拒んだ。これは、アラブ諸国が機構から脱退することを恐れてのことであったことは間違いない。ハイジャック、暗殺、襲撃、人質の奪取といったテロ行為はその後も続き、犠牲者の数は増えていった。各国は特殊機関や対テロ部隊を創設した。ＩＣＰＯの反応は鈍かった。公式には、テロリズムは政治問題であってそこに介入すべきではないとされていたのである。確かにテロリズムは国家が関わる問題であり、ＩＣＰＯは、もし政治性を有する組織、外交に首を突っ込む組織と見られるようなことがあれば、国家から敵視されることになると判断していたのである。心理的な板ばさみであった。

一九七五年以降、国際刑事警察機構は動きはじめる。ブエノスアイレス総会においてこの問題を取りあげることはネポットが拒否したものの、事務総局ではテロリストであるカルロスの事件を取り扱うこととなった。おそらく、カルロスが、アラブ側のテロリストではあるがベネズエラ人に「すぎない」ことが寄与したのであろう。ついで、インターポールは、テロリストの行為を犯罪組織による暴力行為

（誘拐、暗殺）に還元することによって、一九五六年の憲章第三条（政治性を有する事件への介入の禁止）をクリアしようとした。こうして、ＩＣＰＯは非アラブ系集団である「日本赤軍」や「バーダー・マインホフ・グループ」には関与し、具体的なケースに応じて、被捜索者・武器・弾薬に関する情報提供を行なった。実に、唯一の決まりは慎重に事を運ぶことの一点のみであった。テロリズムの隆盛に伴い、ＩＣＰＯが担おうとしなかった任務は似たような組織の手に委ねられるようになる。警察間協力が本当の意味で進んだのはそこからだった。一九七六年、欧州経済共同体〔ＥＥＣ〕内にトレビグループが発足した。一九八〇年末、ＩＣＰＯは、世界中の情報の集約、自前で迅速な通信網（とくにヨーロッパにおいて）などを挙げて、テロ対策での組織の有用性を示そうとしたが、いまだにテロリズムではなく「組織的集団による暴力的な犯罪」と言及していたのだから、さしたる違いはなかった。

それでも、この問題をもっと深く掘り下げ、本格的かつ体系的な対策を提示しなくてはならないということが次第に認知されるようになってきた。しかし、その具体化はなかなか進まなかった。こうして、米国は、国際テロリズムの被害にあいながらもヨーロッパが築いた組織から事実上排除されてきた第三世界の支持を得て、ものごとを進めようと決断した。一九八二年のトレモリノス総会において検討委員会が設置されたものの、翌年の活動はほとんど空白であった。一九八三年のカンヌ総会では、代表団が執行委員会に対して立場を明白にするよう求め、ここでついにテロリズムという用語が登場した。

一九八四年のルクセンブルク総会においては、国際組織として初めてこの犯罪現象について定義し、これと同時に憲章第三条の解釈について二つの文書が採択された（より正確を期すなら、初めての実際的な定義である。なぜなら、フランスの発議により国際連盟主導で一九三七年十一月十六日にジュネーブで採択されたテロリズムの防止および処罰に関する条約〔発効には至らなかった〕において、より文学的表現ではあるが、「国家に対する計画的犯罪であって、その目的または性質が特定の個人、集団または一般市民に恐怖の念を与えることにあるもの」という定義がすでに示されているからである。同日、テロ行為を裁くために国際刑事裁判所の創設を企図する条約も採択された）。行為の主たる性質（政治上・一般法上の性質）の概念は解釈が分かれる原因であるが、紛争地域をより具体的に規定することによって補完されている。以後、テロの要因となっている紛争地域の外におけるテロリストの活動や要求、ハイジャック、人質の奪取、誘拐（なかでもその犠牲者がテロリストの掲げる「大義」とはなんら関係のない場合）は、第三条の規定の及ぶところではなくなった。さらに、ＩＣＰＯは、予防的措置として、テロリストの武器・弾薬・活動方法などについて事務的情報を公開することができるようになる。大きな障害は、一三八にのぼる加盟国の合意を得ることであり、そのなかにはテロリズムを支援する国やこれに理解を示す国も含まれているのである。

新たに総裁となった米国人シンプソンは、ＩＣＰＯがテロリズム対策に乗りだすよう鞭を振るおうと心に決めた。一方、事務総長は、この時期に起こった重大なテロ事件に背中を押され、さらに踏み込んだ対策を講じていく。一九八五年八月には、一六ヵ国の専門家が本部に集まり、テロ対策における経験を共有しあった。だからといって問題がすべて解決したわけではなく、警察間協力が国家の政治的利害の前にかき消されることもあった。これは、細心の注意をもってしても、テロ事件が政治の領分にあることを示すものであった。一九八五年にイタリア船籍の客船アキレ・ラウロ号を乗っ取り、米国の市民権を持つ乗客一人を殺害したパレスチナ人グループの例はこれを顕著に示している。犯人はイタリアにより逮捕され、米国で刑の宣告を受け、ユーゴスラビアに移送されたが、同国は引き渡しを行なわなかったばかりか、保護の地である中東に送り届けたのである。政府の怠慢や幇助が、犯罪対策よりもより強力な牽引力となった例である。

ともあれ、ルクセンブルク総会ののちさらに一年を経て、一九八五年十月のワシントン総会において、シンプソンとケンダールの影響下で、ようやくテロ対策部門が設置されることとなる。

一方ヨーロッパ諸国は、自前の組織を通じて協力を続けており、ＩＣＰＯに頼ることは少なかった。さらに、情報源の保護が警察機関の一大関心事であって、警察は情報公開がその安全を脅かし、重大な結果を招きかねないと考えていた。テロリスト幇助や看過を指摘される国はたいていＩＣＰＯに加盟しており、同様の情報伝達を受けることになることから、こうした懸念にも一理ある。

一九八六年五月には新たに国際的な専門家会合が開かれ、翌年初めにはテロ対策部門がようやく稼動しはじめた。同部門はただちに、大きな問題となりつつあった民間航空機問題に取り組んだ。これは、短期間で成果をあげることができ、かつ政治的な障害が少ないという利点があった。なぜなら、航空機がハイジャックされたり空中爆発したりするときには、航空機の所属国は国家の自尊心を前面に押しだすことはしないからである。当時すでに、航空機テロの首位はハイジャックから空中爆破に替わっており、一九八一年から九一年までのあいだに飛行中の航空機に対して爆弾テロや未遂が約三〇件発生、約七五〇名の命が奪われた。

警察間協力は進み、石橋を叩きつつも情報交換の量は増大していった。ICPOが各国の特殊機関に代替できないことを考えれば、ICPOのあげた成果は賞賛に値するであろう。一九八八年以降、テロリズムに関する会合はシンポジウムに変わった。ICPOは、ヨーロッパ諸国でさえ無視できない組織となった。国外での逮捕には必ずICPOを通じて要請を行なわなくてはならず、さもなければ外交ルートに逆戻りする恐れがあった。世界規模では、ICPOが唯一その能力を有する組織なのである。従来の介入に加え、テロリズムに関するさまざまな場面で助力や助言を惜しまず、テロ対策部門の職員が国外へ赴くことさえあった。

一九九〇年代初めになると、ICPOが扱う国際テロ行為は年に一五〇件を数え、指名手配されたテロリストは七〇〇名以上、リストアップされたテロ組織も約六五〇にのぼるようになった。行為の性質は多岐にわたり、人間（国家や政府の長、政治家、外交官、軍人、警察官、実業家など）の生命や安寧に対する攻撃、民間航空機への攻撃（奪取、ハイジャック、航空機の破壊）、爆発物（爆弾または榴弾）による施設への攻撃、航空機・建物・船舶などにおける人質の奪取などを挙げることができる。こうした活動は、資金・物資・物流を通してテロリストを幇助する強盗・麻薬取引・通貨偽造といった他の犯罪行為と密接に関わっている。

テロリストは、イデオロギーという動機で結びついており、急進的な集団を形成する。その例として、ドイツではバーダー・マインホフ・グループをルーツとする「赤軍」、イタリアでは「赤い旅団」、フランスでは「アクシオン・ディレクト」がある。また、なかにはアイルランドの「アイルランド共和国軍」〔IRA〕、スペインの「バスク祖国と自由」、スリランカの「タミル」、中東の「パレスチナ開放機構」〔PLO〕といったように、解放や独立運動から発生したものもある。こうした集団は決まって地下組織であり、閉鎖的で、国家や移民社会やシンパなどの支持母体があり、相互に一時的または持続的な関係を有することもある。こうした集団を積極的に支援している国家としてよく名が挙がるのは、旧東ドイツ・北朝鮮・キューバ・イラク・イラン・リビア・スーダン・シリア・南イエメンである。これが問題を生じないわけがない。なぜなら、こうした国々はどれもICPO加盟国であり、通常の犯罪について協力を惜しまない国だからである。しかしICPOでは情報保護システムを立ちあげ、ある国が提供した情報はその要請に応じて特定の国には伝達しないようにすることができるようになった。

二十一世紀を迎え、国際テロリズムは国際犯罪のなかでも目立った存在であり、世界の安定を脅かす重大な脅威となっている。ＩＣＰＯの巻き返しが是非とも必要であり、効果的な対策となるに違いない。

Ⅳ　事件例

１　白ロシア

一九五〇年代には、ヨーロッパの美術界に詐欺や窃盗が横行した。ウロンスキー王子（トルストイの小説『アンナ・カレーニナ』に模したもの。ただし、小説では伯爵にすぎない）の名で、何者かが南フランスの一都市の美術館からゴヤの絵を掠め取った。ときを待たずして、リューデンベック伯爵と名乗る男が、ベネチアの古美術商と懇意になると、そこからグアルディとマネの作品を召しあげ姿を消す。フランスとドイツの国家中央事務局は、事件を事務総局に伝達し、総局はこの二人の人物の共通点を探った。二人は母国の新しい政治体制から逃避したロシア人であると名乗り、母親と移動している。さらに、二人はフランス警察が一五年来認知しているある人物に似ており、その人物もボルシェビキ革命から逃れたとかたり、先祖伝来と称する、実際にはパリの個人コレクションから盗まれた絵画を売りさばこうとした人物である。青手配書（国際情報照会手配書）がヨーロッパ各国の中央事務局に送られ、その照会から、つねに母親を随伴した男が、絵画を盗み売りながら大陸中を移動し、ホテルの宿泊料を支払わずに姿を消していることがわかった。そこで赤手配書（引き渡しを前提とした身柄拘束要請）が出され、犯人はスイスで身柄を拘束されフランスに引き渡されたのち、一〇年の拘禁刑を科されることとなった。

2　コンビナティ号

一九五二年十月三日朝、オランダ船籍の貨物船コンビナティ号は、密輸品である米国産黄色種タバコを積み、タンジェ（国際管理地区）をマルタに向け出発した。その夜、スペイン沖で、高速艇に乗った五人の武器を持ち覆面をした五人組の海賊がこの船に乗り移り船員をキャビンに閉じ込めた。そして、海賊はこの船の積荷を奪ったのち、十月十日サルデーニャ北東で船をあとにした。この船の船長であるヴァン・ピエは、船をタンジェに戻し、その地で警察に届けでた。タンジェからインターポールを通じ、十一月四日にパリの国家中央事務局に連絡が取られ（事務局はマルセイユ警察に連絡）、フランスからは事務総局に対し、ローマおよびマルタにメッセージを送るよう要請があった。本部はただちに同地に人員を派遣し、調査を行なわせた。同月六日、ヴァン・ピエ船長が記憶していた名前の海賊の高速艇がタンジェに入港し、その積荷は押収された。国家中央事務局が相互に定期的な情報交換を行なえば、事件の犯人や首謀者の逮捕につながるのである。この数年後、コルシカとマルセイユの犯罪集団との流血を伴う決着が待っていたのである。

3　逃亡を続ける国際的なスリ

スリにより自国で二七回の有罪判決を受けたスペイン人のスリ犯ロペスは、フランスで新たに有罪判決を受けて国外追放となった。ロペスはベルギーからも追われ、その後イタリア警察は一九五八年、ロペスがジェノバにてイスラエル船籍の船舶で密航しているのを発見した。またもや追放されたロペスは、別のイスラエル船内にいるのをマルセイユにてフランス警察に発見され、イスラエルに送還された後スペインに引き渡された。一九五九年、ロンドンの国家中央事務局は、ロペスがノルウェー船籍の貨物船で密航し三月二十日にモンバサ（ケニア）に到着したと伝えた。まもなく、ノルウェーがロペスを空路でバルセロナに移送したのである。各地でインターポールが彼を追い、ロペスがさまざまな偽名を使っても、その滞在や到着を加盟国に伝えたのである。

4　ある刑事ドラマ

ベトナム系フランス人シャルル・ソバライは、一九七三年、偽造パスポートとアジア内外で行なった数々の詐欺によってICPOのリストに加わった。この人物が再登場するのは、一九七六年五月、アラン・ゴシエの名で、共犯者とともに旅行者数名を残忍な手口で殺害したとしてタイの国家中央事務局がこれを通報し、一味がフランスにいるのではないかとパリの国家中央事務局に監視を要請したときであった。ところが一味はインドにいた。二カ月後、ベナレスにおいて、知り合ったフランス人旅行者二二名を毒殺しようとして逮捕されたのである。シャルル・ソバライは殺人・麻薬取引・窃盗により有罪となった。一九八六年三月、ICPOは、彼がニューデリーの刑務所から脱獄したとの報を受けたが、翌月初めには同じくインドのゴアで再逮捕となった。

5　スパジアリと下水管

一九七六年七月十七日、フランス人アルベール・スパジアリの一味は、下水管を通り、ソシエテ・ジェネラル銀行ニース支店において当時のフランスにおいて過去最高額となる大窃盗を成功させた。ヨーロッパの四カ国の警察から自発的にICPOに連絡が入り、知りえた情報の範囲ではあるが、「ブラックリストに載っている」専門的な犯罪者のなかに一味に加わっている者がいるかもしれない旨を伝えた。

細い糸をたどって、主犯者が特定され、逮捕に至ったが、犯人は逃亡する。犯人はインターポールの赤手配書（引き渡しを前提とする身柄拘束要請）の対象となった。一九八二年、リオデジャネイロにおいて犯人が発見されたが、ブラジルとフランスのあいだには犯人引き渡し協定が存在しなかった。スパジアリは癌で死去するまで自由の身を謳歌しつづけた。

6　ユルマズ・ギュネイ、映画監督かつ国際犯罪者

一九七六年、トルコ人映画監督ユルマズ・ギュネイは、（おそらく事実に反して）一九七四年の撮影に関する抗争に際して判事を暗殺したとして一九年の拘禁刑を言い渡された。一九八一年、ギュネイは出国許可を利用して国外に逃亡し、トルコの国家中央事務局による要請を受けて一九八二年に赤手配書が発行された。ユルマズ・ギュネイはフランスにいた。ギュネイの映画『路』は同年五月のカンヌ国際映画祭で上映され、ICPOはこれを認知していた。ギュネイ監督は一九六〇年に共産主義宣伝の罪で刑を受けており、一九七二年にはトルコの青年テロ組織を幇助したとして告発されていたため、事務総局はトルコ政府に対し、これが本当に普通法上の事件なのかどうか、より詳しい情報を送るよう求めた。トルコの国家中央事務局はこれを肯定したため、赤手配書は撤回されなかった。しかし、フランス警察は、トルコ当局から同年五月十九日に犯人引き渡し要請を受けたものの、最終的にこれを虚偽と見なし

て身柄拘束を放棄した。ユルマズ・ギュネイは自由の身にあって、その作品も上映された。

7　ロジエ通りのテロ

一九八二年八月九日、パリのロジエ通りでテロがあり、六名が死亡、二二名が負傷した。何カ月も経った頃、ヤセル・アラファト率いるPLOの指導者であったイッサム・サルタウィが一九八三年四月十日に暗殺された事件に関する調査のなかで、ポルトガル警察はパレスチナ人ヨゼフ・アル・アワトを逮捕した。そのモロッコ国籍偽造パスポートにフランスの入国スタンプが押されていることに気づいた同警察は、これをフランスに通報した。テロリズムはICPO内でまだタブー視されていたため、警察間協力は外交ルートを通じて行なわれた。フランスの調査で、ロジエ通りでの惨劇当時のアル・アワトの足取りが判明しその合致が明らかとなったうえ、パレスチナ側がアル・アワトはテロ集団アブ・ニダルに所属していると主張したことから、フランス警察はロジエ通りのテロがこの集団によるものであるという確信を深めた。さらに、ICPOのネットワークを通じ、ほかにも詳細が明らかとなった。イスラエルの国家中央事務局はアル・アワトの真性の身元やその詳細な履歴を提供、イタリアとギリシアの事務局は一九八二年十月十日のローマのシナゴーグに対するテロにおけるアブデル・アル・ゾマー（アブ・ニダルのメンバー）との共犯容疑を明らかにし、ローマのテロで使用された武器はロジエ通りで使われたものと一致したのである。

8　七枚の名画

一九八三年十一月の五日夜から六日にかけて、ブダペスト美術館で総額三五〇〇万ドル以上の価値がある七枚の絵画が盗難にあった。ラファエロが二枚（《エステルハージーのマドンナ》および《ある若者の肖像》）、ティントレットが一枚《ある婦人の肖像》、ティエポロが二枚、小パルマが一枚、そしてジョルジオーネが一枚である。当時共産主義国であったハンガリーではこうした事件は初めてであった。犯人はドナウ川の近くに額縁・赤白緑の三色の紐・ビニール袋・イタリア製ドライバーを捨てただけでなく、指紋まで残していった。ハンガリー警察は、二年前にICPOに加盟しており、この事件を自力で処理することは難しく、国際的な事件に違いないと判断し、遅滞なくICPOと連絡を取った。事務総局とヨーロッパの国家中央事務局がその伝達を受けた。ほどなく、ドイツ・米国（美術品窃盗に関して米国の連邦捜査局は豊富な経験を持つ）・オーストリア・ハンガリー・イタリアの国家中央事務局代表が会合を持ち、オペレーションの指揮はイタリアが執るが、その実施は現地との連繋で行なうことを決めた。窃盗のあった月の月末には早くもイタリア警察がルーマニアに逃亡中と思われるイタリア国籍の二名を容疑者として割りだし、この二名について赤手配書が出された。ある情報から、十二月にハンガリー人の共犯者二人が逮捕された。この二人はラファエロの一枚を保有しており、事件に関わったイタリア人の名を自白した。クリスマス直前、ハンガリーとイタリアの国家中央事務局メンバーはブダペストで二日間にわたり再び会合を持ち、イタリア警察からは依頼者はギリシア人の富豪だが、その名まではまだわからないとの報告があった。アテネの国家中央事務局がこの事件に乗りだすと、一九八四年一月に依頼者の特定に至り、アテネ近郊で盗まれた六枚の絵画が発見された。その富豪は証拠不十分で捜査対象とはならなかったが、国籍もさまざまな一〇名を超える共犯者が逮捕され有罪となった。

9　中国と麻薬

一九八八年三月、上海の税関において香港発サンフランシスコ宛の熱帯魚の積荷から三キログラムのヘロインが見つかった。中国は四年前からＩＣＰＯに加盟しており、これを通報し、米国と香港の警察と連絡を取った。中国と米国の警察は、積荷の行方をサンフランシスコのアジア地区まで追跡、そこで三名の共犯者を逮捕した。この他の取引（計一四件）も捜索を受け、香港・広東・上海そして米国・オーストラリア・ヨーロッパの大都市で、あわせて六〇キログラムのヘロイン（およそ五億ドル）が押収された。タイの密輸業者（もともと麻薬を扱っていた）が従来とは逆の、香港―中国経由米国行きのルートを試し、失敗に終わったわけであるが、タイ当局はこれを摘発しなかった。

10　クインの詐欺

一九八七年一月、元ニューヨーク州弁護士であり詐欺による有罪判決を受けたことのあるトーマス・クインが、リヒテンシュタインに投資会社を設立した。クインはこの会社を通して、非常に有能で機動性ある、小グループに分散した共犯者の協力を得て世界に君臨し、八〇ヵ国の裕福でお人好しの何千人もの人びとから六億ドルあまりを騙し取った。一年が過ぎる頃には、被害届が続出するようになったが、販売者は蒸発しており、残っているのは複雑に絡み合ったペーパーカンパニーばかりであった。それでも各国警察はインターポールにこれを通報し、事務総局はすぐに、詐欺の実行方法を割りだし、手配書を発行し、事件を捜査中の警察当局間で会合を開いた。ついにある情報がクインの調査に結びつき、一九八八年の夏を費やした捜査ののち、フランス警察がクインを逮捕、同時にドイツ・スイスそしてフランスの他の都市で二二名の共犯者が逮捕された。クインは一九九一年七月に四年の拘禁刑を宣告され、他国はクインを自国の裁判にかけるためその出所を待っているところである。

11　売春婦取引容疑の事件

一九八九年四月九日夜、ドイツとオランダの国境近くで、ちょっとした交通事故が起こった。一方の運転手がドイツ警察に電話をしに行っているあいだに、もう一方の車に乗っていた者（スリランカ人・背の高いブロンドの男・アジア系女性二人）は徒歩ですぐのオランダ国内へ姿を消してしまっていた。しかし、車両のレンタル契約と、フランスおよびオランダの住所や電話番号の記載されているスリランカの手帳が発見された。ドイツの国家中央事務局は、フランスとオランダに情報照会を行なった。フランス警察は麻薬取引と女性売買の容疑のある男性の情報を持っており、オランダ警察は電話番号のなかにアジア系女性の売買に加わっている疑いのあるオランダ人男性の番号を発見した。その後捜査は進展せず、結局新たな決定的証拠があがらずに事件は立ち消えとなってしまった。

12　シティーでのひったくり

一九九〇年五月二日、ロンドンの金融街シティー地区のある通りで、両替商のメッセンジャーボーイが鞄をひったくられた。鞄のなかには、換金容易な三億ポンド相当の証券や証書が入っていた。警察は、犯人は偶然これを狙ったのだろうと考えたが、捜査を始め、ICPOとそのネットワークにも助力を要請した。だが警察の推察は間違いであった。ひったくりのあった四カ月後、シティーでの偶然に見えたトランド・英国の警察が、八名を逮捕し被害額の三分の二を回収した。シティーでの偶然に見えたひっひったくりは、実はかなりの専門的集団の仕業だったのである。さらに二カ月後、米国において、新旧両大陸における犯罪の橋渡しをしたとして英国人三名を含む一二名が逮捕された。いまだ見つからないのは被害額のうち二〇〇万ポンドと、ひったくり犯本人である。

第三章　国際刑事警察機構（ＩＣＰＯ）の仕組み

インターポールを創設し形作ったのはドレスラーであり、その礎を築き国際的な規模に育てあげ評価の獲得に尽力したのはネポットであったが、これを二十一世紀にふさわしい組織としたのはケンダールである。ケンダールによって、有用かつ権威ある組織ではあったが時代遅れで停滞期に入っていたＩＣＰＯが、近代化を進め抜本的な構造改革を遂行したのであった。

ＩＣＰＯは総会・執行委員会・事務総局・各国の中央事務局から構成されている。総会と執行委員会は定期的に会合を開き、決定を下し、監督を行なう。投票（無記名投票・挙手・指名点呼）に際しては、各国に一票だけが与えられる。総会は加盟国代表を集めて毎年開かれ、施策の決定、業務の手段・方法・計画の選定、予算や支出の監督、機構幹部の選出などが行なわれる。選出対象は、総裁・副総裁・委員（事務総長を除く）であり、同一国が複数のポストを占めることはなく、地域バランスが斟酌されている。

執行委員会はだいたい年に三回開かれ、事務総局の業務と総会の決定の実施を監督し、総会に提出する予算や活動計画を承認（理論的には否認もできる）し、総会の議題を策定する。事務総局は、運営の継続性を確保し、警察間協力を推進し、総会および執行委員会の決定を実施する。国家中央事務局は警察機関の窓口であり、加盟警察機関相互、そして国際機関とＩＣＰＯの関係の鍵を握るものである。

Ｉ　職員・任務・手段

犯罪者が国外で発見されると、犯罪が行なわれた国は発見国にその引き渡しを請求することができる。ここでは事件は国家対国家の枠のなかで、外交的司法的な特別協定に基づいて処理される。これに先立って、犯罪者を特定し、居場所を確定しなくてはならず、それからようやく身柄拘束に至る。ここが警察の仕事、とくに警察間の国際協力の出番である。現実には国家というものはその主権について非常に狭隘で、犯罪対策において各国警察は自国領土内でしか活動できない。そこで、国境を越えて迅速かつ効果的に事を運ぶために警察間で直接的かつ定期的で信頼に足る業務関係を築くことが必要となった。こうした関係をうまく動かしていくのがインターポールに課せられた任務である。

ＩＣＰＯ自体はこうした成り立ちによる制限を受けている。つまり、国家主権の及ぶ場所では外国の警察と同様の行為をする権利しか持ち合わせていないということである。ＩＣＰＯに対する一般のイメージは、各地へ足を運んでは捜査を行ない、武器を携え、みずから身柄拘束に挑むというようなものであるが、現実はこうしたスーパー警察官の牙城とは異なっている。ＩＣＰＯは国家主権を尊重し、捜査にかかわる仕事は各国の国内警察機関が担当する。これはＩＣＰＯが役に立たないとか力がないということではなく、国家行為に間近から影響を及ぼすのである。また、各国の協力は国際条約に基づくものではなく、柔軟かつ実践的だが安定的なものではない。現実には、加盟国の善意と犯罪の罪状の認知の二点が共同で行なう業務の前提となるのであり、協力が完全に既定となったことはない。たとえば、加盟国のなかには、人身売買に反対を表明し対策に参加しながら、これを容認し、この分野での協力を行なわない国もある。このほかにも、マネーローンダリング・ハッキング・製品模造などを犯罪として認めない、というよりまだ認めていない国も存在する。さらに、国内法規によっては、たとえば死刑が宣告される可能性のある国には犯罪人を引き渡さないなど、協力に制限が加わることもある。このように、ＩＣＰＯは細心の注意をもって、その国そのときによって異なる条件に適応しながら、つねに不運にめげず事に立ち向かわざるをえないのである。成果は、こうした諸条件に大きく左右される。

そもそも、ＩＣＰＯの任務・手段・職員も、加盟国がＩＣＰＯに何を望むかで決まる。基本的な役割は、各国警察の関係構築や業務に仲介・支援を与えることである。そのために、情報・メッセージ・介入要請を伝達し、捜査をコーディネートする。また、指紋・情報照会のための手配書・身柄拘束のための手配書を発行し、助言を与え、加盟国内で調査や警察活動を行なわせ、引き渡し要請の橋渡しをする。さらに、受理したデータを分析し、国際犯罪者の履歴や移動を正確に追跡することもでき、地球上の遠く離れた場所で起こった二つの事件の関連性を明らかにしたり、一見無意味で関係ないような新たな手がかりをもとに何年も前の事件を解明したりすることもある。ICPOは国際犯罪対策において多岐にわたる、例外的ともいえる貢献をすることができるのである。こうした活動はすべて、憲章に明記されているように、人権を尊重したうえで行なわれる。

このように活動を総覧すると、現場に出現することがない、あるいは稀であるということも手伝って、よく批判されるように単なる郵便ポストの機能を果たしているだけではないかという印象を与えやすい。しかし、それはICPOの活動の一部にすぎない。現実には、国際犯罪対策の前線には少なくとも三つあり、ICPOはそのうち二つで役割を果たしている。刑事警察による追跡（インターポール特有の分野）、司法による処罰（これはICPOも国内警察も権限を持たない）、予防という三つの前線のうち、予防という分野における活動もまた無視しえないものである。

なぜなら、ICPOは、できる限り国際犯罪対策の条件を整え、単なる歯車ではなく原動力であろうとするなかで、国際的な警察間協力における困難や制限について鋭い認識を持っているからである。そのため、名声・手段・比肩するもののない経験を支えとして、局部的・場当たり的なものから踏みだし、ときには厳密には警察の枠組みを超える手段を模索している。具体的には、協力をよりいっそう進めるよう求めるとともに、国際犯罪政策の発展をも促す。これが、予防という語で捉えるべき活動である。その方法は多岐にわたる。基本的な仕事である犯罪事件の分析は、それ自体すでに状況改善に貢献するものであるが、これに加え、犯罪一般についての分析も行なわれている。種々の国際犯罪について、その歴史・現状・性質・傾向を明らかにして、内外の役に立てようというわけである。年次総会は現状を総括し決定を下す機会である。ＩＣＰＯではこの機会に、研究計画や行動計画の立案・実施を行なっており、例としてはバルカン半島におけるヘロイン取引の監視計画などが挙げられる。

また、ＩＣＰＯは、各国警察のために、警察だけでなく犯罪対策関連の職業の代表とも共同で、窃盗や偽造の防止技術の発展や警察官の巡回による犯罪防止、美術館・銀行・現金輸送会社などの職員に対する安全対策教育といった主題について、専門家会合や作業部会のアレンジを行なっている。このようにＩＣＰＯは、国際犯罪対策の分野で警察以外の当事者との幅広い関係を築いているのである。

これと同じ目的で、予防に関する国際条約の実施に参加することもある。たとえば、一九六一年に採択された麻薬に関する条約の例がある。国連は麻薬原料となる植物の代わりに食料栽培を進める一環として、他の機関とともにＩＣＰＯにも情報交換と予防的監督に携わるよう求めた。また、先頭に立って牽引しているものとして、国連の委任により運営にあたっている国際通貨偽造対策センターがあり、ここでは予防戦略と予防技術の発展を図るため銀行・警察機関・その他関係のある専門家を集めて定期的に会合が開かれている。

最後に、状況が非常に重大な局面にあると判断した場合には、まったく別の、司法的性質を持つ手段に訴える。それは、加盟国に対して法の範例を提示し、各国がこれを採り入れて適応措置をとることで、特定の犯罪類型への対策において協力や警察業務の遂行のための環境を整えようとするものである。一九八五年十二月にマネーローンダリングについて行なわれた例があるが、大きな成果を挙げることはできなかった。

こうした任務をすべてこなすための第一条件が財政であることは自明の理であろう。この点に関しては、費用の増大や独立性・信用の強化といった理由から、本部所在国の寛容に甘んじているわけにはいかない。したがって分担金制度が採用されているが、その形式は比較的単純である。各国は加盟に際し、それぞれの事情に応じ、執行委員会との合意に基づいて、所属する予算カテゴリーを選択し、これにより決定される分担金を支払う。もちろん分担額は定期的に見直される。分担額の多い国は、先進国でICPOを頻繁に利用する、ドイツ・米国・フランス・英国・イタリア・日本である。(1)

（1）日本の分担額は約二一五万ユーロ（二億五一二〇万円）で米国についで第二位（二〇〇三年）〔訳注〕。

通信手段なくして、国際警察間協力はほとんど成り立たない。多量かつ増加の一途をたどる情報交換は、国際警察間協力の必要性そして将来性を見事に示している。したがって通信手段はインターポールの活動においてつねに最優先事項であったと同時に、対処に細心の注意を必要とする問題でもあった。通信システムには恒常性・迅速性・信頼性・安全性が求められるが、すぐに時代遅れとなり適応性に欠けるものとなってしまうからである。ＩＣＰＯでは媒体（画面または紙面）を利用した電気通信網が採用され、画像・図画・文章・データベースの送受信が可能となっている。これは地理的・構造的に三つのレベルに分かれており、通信局の数の多い順で国・地域（大陸またはそれ以下）・中央（事務総局）となっている。このように、加盟国の警察は、どの国でもどのレベルでも最良の条件で通信を授受することができるのである。

通信システムと情報システムとの距離はこんにちほとんどない。かつて人手に頼っていた情報の登録・分類・検索は、情報化の進展によって、はるかに近代的かつずっと効率的な方式がこれに取って代わり、データへのアクセス方法は多彩かつ容易になったうえ、回答に要する時間も短縮された。電気通信網によって、自動照会システムを通じて事務総局の擁するあらゆる情報に（情報提供国が許可を与えている限りで）瞬時にアクセスすることができるようになった。しかし、こうした利器には短所もある。費用がかかるため一度に設備を整えることができず徐々に利用を開始していかなくてはならないこと、技術進歩や新たな脅威の出現によってある程度の期間しか有効性を保てないこと、内部の共犯による情報漏洩の（極小とはいえ）危険性があること（加盟国のなかには犯罪に関して潔白とはいえない国もある）などである。最後の点は、協力の面でも障害となっており、他国の脆弱性を予想して協力に慎重になる国もある。しかし、最も情報漏洩の対象になりやすい、取り扱いに細心の注意を払わなくてはならない情報は、幸いなことにそれほど多くはない。

共同で仕事をするには、共通の言語が欠かせない。ICPOにおける共通語は四つある。国際警察間での伝統であり、本部所在国かつ世界各地で使用されている言語であるフランス語がまず第一言語となっている。これに、加盟国の多くで使われている英語・スペイン語・アラビア語が口語として加わる。アラビア語の採用は、テロリズムが猛威を振るっていた一九七五年当時、マグレブ諸国や中近東諸国との対話を進めようとした機構の意思を反映したものであるが、その利用にはいくつか条件がある。アラビア語の使用にかかる費用はアラブ諸国の負担とすること、本部および総会を除き、アラビア語圏以外の国はアラビア語使用の義務を負わないことである。事務総局は公用語として六カ国語を使用している。その他の国にも、自国言語を公用語とすることで地位を高め国際的野心を満たそうとするものもある。しかし、公用語の増加は、非ヨーロッパ言語との均衡を図り、その言語が多くの加盟国で（公用語または日常語として）使用されている限りにおいては、現実的かつ合理的なことではあるが、現在の状況で明らかなように、費用はさておき、業務効率をあげたりこれを保障したりするものではないのである。

Ⅱ　事務総局の組織・構造・機能

事務総局（大戦中は国際局）は、誕生の順序という点からすれば国際刑事警察協力における最初の具体的な機関である。そのルーツは、一九一四年モナコ会議で犯罪情報のデータバンクを設置しようとしたところにある。事務総局は、人の移動を伴わないにしろ、実際に顔をあわせるにしろ、優秀かつ不可欠な業務遂行と会合の場である。しかし、内部の人間にすらよく誤解されているが、憲章では本部という名称のもとに置かれているとはいえ、事務総局は中央集権機関やＩＣＰＯ本部ではない。事務総局は一介の事務局であり、加盟国の利用に供されるものである。事務総局なくては協力は縮小し困難なものとなるだろうが、それでも可能ではある。事務総局は氷山の一角なのだと言えよう。

とはいえ、この機関が有能で重要な一員であることに変わりはない。事務総局は加盟国の業務の価値を高め、いっそうの発展を図る。こうして事務総局が不可欠な事態がしばしば生じるのである。犯罪データ（国際犯罪者の数は国内に比して少ないため、それなりの量ではあるが国内警察のものよりは少ない）を礎として創設された事務総局は、四つの部局に分かれている。(1) 一つ目は総務局で、財政・職員・物資など機構全体の運営にあたり、資料を作成し、会合の裏方となる。

(1) 事務総局の現行体制は、一官房五局（特別犯罪局、捜査支援局、地域・国家支援局、情報システム・技術局、総務・財政局）〔訳注〕。

二つ目は連絡・犯罪情報局で、最も重要な局である。これは従来の警察局を近代化した組織である。この局は、国内警察から多種多様な（氏名・写真・指紋・犯罪手口・手がかり・容疑など）情報を受け取り、それを処理して関係する国家中央事務局に伝達する。局のなかには、国際犯罪の類型に即し、一般犯罪、経済金融犯罪、麻薬不正取引の三課が設けられている。その下にある専門班（詐欺・テロリズム・暴走族など）は、事務総局のなかでも国家中央事務局との協力が最も進んでいる組織である。こうした協力は部会の活動の実効性に欠かせないと同時に、その存在意義を保障するものでもある。

四つ目の課として、犯罪情報課がある。これは、専門班と緊密に連携しながら警察からの情報を処理し、国家中央事務局の要請に応じ（メッセージ回答サービス）、指紋鑑定や写真情報ファイルを管理し、自動照会システムの利用がよりスムーズに行なわれるよう情報を整理する部門である。さらに、機構の心臓であり国際犯罪や国際刑事警察業務の全体像の把握に有利であるという事務総局の立場を活かし、一九九三年に犯罪分析室が新たに設けられ、犯罪の傾向・システム・ネットワークについて構成員の認識を深め、その対策における優先順位の決定やその成果を検討することとなった。また、国家中央事務局の要請に応じ、またはその利益に資するために、専門班との緊密な連携のもとで、国際手配書の準備・発行・送付を行なうのも連絡・犯罪情報局である。国際手配書には事件の解明や行動の開始に向け、国内警察に知らせるべき情報が記載されている。国際手配書は、明確な基準に基づいて作成され、個人・紛失や盗難にあった高価な物品・新規または特異な犯罪手口を扱っている。個人に対する手配書が一番歴史が古く、認知も進んでおり、その数も多い。犯罪の性質を手配書の角の色分けで示す方法は、情報化の進展に伴い姿を消しつつある。

赤手配書〔国際逮捕手配書〕は、従来最も利用の多かったもので、引き渡し請求を前提に犯罪者の身柄拘束を求めるものである。この手配書は、犯罪者に関するあらゆる情報〔戸籍・特徴・パスポート番号・危険度・犯罪記録など〕と指紋や写真を記載し、事件の概要をまとめ、働きかけの法的根拠を明らかにし、連絡先として要請を行なった国家中央事務局を明示する。手配書の効果は抜群である。青手配書〔国際情報照会手配書〕は、個人に関する情報照会要請〔氏名・犯罪記録・職業など〕で、犯罪者の足取りを浮かびあがらせるのに役立つことが多い。たとえば、スリ犯を逮捕したときに青手配書が回覧される。スリ犯はオリンピック・国内祭典などのさまざまなイベントの開催に応じて国をまたいで移動することが多いためである。事務総局はこうした場合に率先して事件の解明に努めることができる。緑手配書〔国際防犯手配書〕は、上記とは反対に、常習犯罪者に関する情報を通報するものである。これは、ある国の当局に対して、要注意人物の活動につき注意を促すための防犯措置である。黄手配書〔国際行方不明者手配書〕と黒手配書〔国際身元不明死体手配書〕は、犯罪者ではなく被害者に関するものである。黒手配書は、死者の身元を特定するための支援要請である。手配書には写真・指紋その他の手持ちの情報が記載される。黄手配書は、行方不明者や自救無能力者の身元に関する情報を求めるものである。黒手配書と黄手配書との照合は随時行なわれる。

連絡・犯罪情報局はヨーロッパ連絡事務局も所掌し、ヨーロッパの加盟国間の協力の強化・発展を目指しているが、特徴を出せず、一九九四年からは地域事務局調整官が地域内および犯罪や犯罪対策に共通点のある国同士の警察協力を活性化することとなっている。

法務局〔第三局〕は、法務部門で、機構内部の法的活動に携わり、法案を提示し、機関誌を刊行し、事務総局と国家中央事務局の職員の研修活動の立案実施にあたっている。ＩＣＰＯは加盟各国の国内法に反対したりこれを無視したりはできないが、この第三局は加盟国の信頼をつなぎ、質の高い業務の遂行を保障する重要な役割を担っている。

第四局は、技術支援局で、電気通信や情報化について、事務総局・地域事務局や地域通信局・国家中央事務局といった機構のあらゆるレベルにおいて、その活動に必要な利器を見極め整備する。まさに、日増しに増大する加盟国からの要請に事務総局が今後対応していかれるかどうかはこの局の肩に大きくかかっている。

個人の自由に大きな関心を寄せるフランス当局との長い紛争を経て、一九八二年にＩＣＰＯ内部に個人情報監視委員会が設置され、機構が擁する個人情報が合法的に取り扱われているかを監視することとなった。委員会の活動は称賛に値するすぐれたものである。とはいえ、委員会には欠点もある。最大の問題点は、独立性の欠如である。委員五名は更迭されず、うち二名をＩＣＰＯが指名するうえ、二名のうちの一名は三人目の委員となる委員長の選任に加わり、委員長は四人目の委員をＩＣＰＯが提示したリストのなかから選ぶのである。フランスが本部の所在国として第五人目の委員を指名することができ、この委員が委員長の選任に加わるとはいえ、ＩＣＰＯの外部を説得するには不十分である。さらに、システムの透明性についてはまだ改善の余地がある。現実には、個人は自分のデータへのアクセスを希望したとしても不可能で、これは委員会から提供された情報に対する疑念（根拠の有無にかかわらず）の余地を残し、訂正の可能性を奪う。そして、修正が行なわれた場合でも、事務総局にそのデータを提供した国家中央事務局がその修正を反映するかどうかも保障されていないのである。

本部職員は加盟国から派遣されているが、全員が警察官というわけではなく、職員数は（国際機関としては小規模ではあるが）ケンダールの事務総長就任以来、業務の拡大と積極的な活動に呼応して着実に増加している（一九八五年に二四二名、一九八八年に二五六名、一九九二年に二六八名、一九九四年に三〇二名）。職員は、出身国の行政当局から派遣され、出身国（フランス警察の場合など）またはＩＣＰＯが給与を支払う場合と、ＩＣＰＯが直接に雇用する場合（文書係・翻訳者・情報技術者・秘書・事務員など）とがある。職員は国際公務員の資格を付与され、個人的利益と出身国の利害を廃し、与えられた目的のために働く。特定の問題について検討するため、専門知識を有する顧問の助力を仰ぐこともできる。

直接に雇用されている職員はそのほとんどがフランス人であるが、これを除いたとしてもなお、本部職員の数でいえばフランスが恵まれた立場にあることに変わりはない（フランスの関心の高さとこれまでの尽力の結果である）。といはいえ、その他の国の警察官もこれに加わりはじめた一九六〇年代以降は、国籍の多様さやその人数（四〇名ほど）から、組織の開放や加盟国の代表性が考慮されていることがわかる。しかし、犯罪対策において事務総局が組織の足をひっぱり、信頼性を損なっている現実から、もう一つの重大な問題は隠しきれないのは明らかである。各国警察は単にポストを占めるだけの目的で事務総局に人を派遣するだけで満足し、職業上の能力についての現場の必要を気にかけないことも珍しくない。たとえば犯罪活動資金対策班のポストが空いたとすると、ここに売春婦取引対策の専門家が就任するのであれば万々歳であろう。捜査の仕事が基本的にはどこでもそう大きくは違わないとしても、新しい分野を自分のものにするにはやはり何ヵ月もかかるものであり、リヨンの本部への派遣がそれほど長期間ではないことから、ここでの経験から得るものは短期的なものに限られる。他にも一貫性の欠如が見られる。派遣されていた警察官が自国へ戻ると、その配属先は事務総局で新たに得たものとはなんら関係のないことも多いのである。加盟国のなかには、こうした問題を認識し違った行動を取っている国もあるが、フランスはそうではないようである。このなかで米国は、成果志向をさておいても、ＩＣＰＯを掌握するため戦略的な職員派遣を行なってきている[1]。

（1）日本は、一九七五年から警察庁職員を派遣している。二〇〇四年には四名が派遣されている〔訳注〕。

事務総局は、さまざまな事件を相互に結びつけやすい立場にあり、その独自の観点を加盟国と共有することで、より効果的に行動することができる。能力の増強を目指し、一九九二年十一月のダカール総会では、連絡官の活動領域を広げることとした。従来は、連絡官の活動は麻薬取引対策に限られていたが、これをヨーロッパ事務局にも広げることになったのである。連絡官は、各国の国内警察機関のもとで各国の現場に赴き、個人的な接触や様々な国の警察と国内法に対する知識などを活かして、国際捜査が国境を越えて支障なく行なわれるよう尽力したり、たとえば旧ソ連諸国の場合のように、以前は見られなかった犯罪に対してどのような方向性で対策を講じればよいかを当局に助言したりする。連絡官はＩＣＰＯのなかでも最もプレステージの高いポストであり、着実に発展してくことが望まれる。

事務総局の活動の拡大と役割の増大は、国際犯罪の進展からしてもっともなことである。しかし、社会がグローバル化するなかで、警察間協力の灯台役として、その機能を根本的に改革する必要があることも間違いない。事務総局には権力が集中しており、他の内部組織に譲渡すべきものもあると論じるのも行きすぎではないだろう。たとえば、ＩＣＰＯの予算・活動方針・業務の計画・手段・方法についての決定は、執行委員会を経て総会により採択されるが（執行委員会は年に三回、総会は年に一回会合を開くだけであり、現実にはその内容について検討することは難しい）、その内容は事務総長の手による。これは、なかでも予算について問題を生じる。当時の事務総長が財政改革へ大きく舵を切ったことは、少なくともこれまでに二度ある。フランスの資金以外の財源を確保しようとした一九五〇年代末、そして国際警察協力の構造を大きく近代化しようとした一九八〇年代末から九〇年代始めにかけてである。インターポールは長らく事務総長に頼りきってきたが、その結果は悪いものではなかった。事務総長のなかで問題とされたのはボッサール一人である。事務総長の力は実際には非常に大きく、それは単なる事務方の職務を超えている。その地位は、優越的で圧倒的である。事務総長は執行委員会の指名により総会によって選出され、その任期は五年でＩＣＰＯの選出対象ポストのなかでは最も長く（これは、事務総長が継続性を保障する地位にあることを理由とするが、事務総長による支配をも可能とするものである）、再選可能で事務総長補佐とは職務を分担しない。一方、重要な役割を果たすべき総裁については、任期は四年、続いて同一の地位または執行委員に選ばれることはなく、なんらかの決定権限を有しない（総裁は「代表」

である)。さらに、副総裁が三名おり、任期は三年で、総裁同様に再選されない。執行委員は辛うじて再選可能とされているが、その条件はより高い地位〔副総裁・総裁〕に選任される場合という条件があり、これに当たる場合は限られる。執行委員会は、任期がばらばらであるということから均質的な一団とはなりがたく、憲章で与えられている任務は、総会の議題の策定や、総会による決定の実施の監督、事務総長に対する業務監督といった受け身または実質性に乏しいものであって、委員会自身が有用であると認める業務上のプログラムや計画を提示する機能は限られている。確かに決定機関は総会であるが、総会は年に一度の開催であり、事務総長のイニシアティブに追随するのが通例である。このように、あらゆる権限が事実上、事務総長一人に集中している。事務総長が業務に邁進していることは確かだが、本来なら管理・執行にあたり、交渉窓口やパートナーとしての役割を果たすべき地位なのである。

ＩＣＰＯは、組織としての能力と警察間協力とを念頭に、電気通信分野については各地域内および地域間の情報伝達をスムーズにするため、また捜査連絡については各地域の現場における調整を進めるため、分権的体制の発展に努めている。事務総局と国家中央事務局とのあいだには、電気通信については、西アフリカはアビジャン、南米はブエノスアイレス、大平洋はキャンベラ、東アフリカはナイロビ、カリブおよび中米はプエルトリコ、アジアは東京に地域局がある。リヨンの中央局はヨーロッパ・地中海諸国・中東・北アフリカの地域局も兼ねる。捜査の調整については、リヨンにあるヨーロッパ事務局に加え、南米はブエノスアイレス、南アフリカはハラレ（ジンバブエ）、西アフリカはアビジャンに準地域事務局があり、また最も歴史あるのがバンコク（ヘロイン生産の黄金の三角地帯）にある旧「麻薬取引」連絡事務所で、より幅広い問題を取扱う事務局として装いを新たにしている。こうした事務局は、本部にあっては準地域事務局調整官が管理している。仲介役とはいえ、地域局が所在国の国家中央事務局に併設されている点、そして各事務局が事務総局の分権体制の一角を担っている点（事務総局に直結の機能を果たす部門は除く）は、今後のさらなる発展が期待されよう。

Ⅲ　国家中央事務局（ＮＣＢ）

インターポールの理論的立案者であるオランダ人警察官ヴァン・ホーテンは、すでに一九一九年の時点で、国際事務局に加え国家中央事務局の設置を想定していた。一九二三年にＩＣＰＣが発足すると、優先したのは国際事務局であったが、加盟国間での分権体制の必要性は認識されており、一九二五年には最初の国家中央事務局がベルギーに設立された。その他の国も、通信や現場での協力に資するため、徐々にこれに追随していった。

国家中央事務局の設置が加盟国の義務となったのは、一九五六年に新憲章が採択されてからである。これにより、ＩＣＰＯの加盟国は、できる限り高いレベルかつ広汎な権限を有する常設の警察機関（さまざまな状況に正確かつ迅速に対応するため）を指定し、協力の拠点とすることとなった。この国家中央事務局という機関は、自国の国際犯罪に関する資料や情報を統括し、他国の国家中央事務局や事務総局に伝達するほか、こういった機関から受理した要請に対応し、加盟国から警察行動の要請があるときには国内法に反しない限り（判断は国家中央事務局が行なう）で管轄の組織を動かし、自国の警察機関や司法機関からの要請を外部へ発するという役割を担っている。また、国家中央事務局を指揮する高官は、国内的には国家当局その他の警察機関に対して国家中央事務局を代表し、対外的には他国の国家中央事務局および事務総局に対して、また総会において、自国を代表する。[1]

（1）日本の国家中央事務局は警察庁で、その事務は組織犯罪対策部国際捜査管理官が所管している〔訳注〕。

このように、国家中央事務局の役割は、単なるお飾りや補助的なものではなく、きわめて重要なものである。加盟国相互や事務総局を通じた警察間協力のための第一次情報を提供するのは国家中央事務局であり、事務総局は国家中央事務局のために機能している。国家中央事務局は、自国の専門的な警察機関への窓口として、要請に応答し多彩な国内法システムに対応するに際し、さらにもっと卑近にはメッセージの翻訳においても、鍵を握る地位にある。国家中央事務局は補助的な役割と中心的役割の両方を果たしているのである。

国家中央事務局は、国家公務員たる職員を擁し、国内法に基づいた活動を行なっており、国家主権を体現している。一致して活動にあたるという点でＩＣＰＯとのつながりを有してはいるものの、物的・財政的手段の調達・運営・構造といった面は各国のやり方で行なわれており、各国それぞれの規則・方針・法律に基づいてＩＣＰＯと協力している。したがって、非常に大きな役割を担っているものもあれば、極端に軽く扱われているものもある。資金力の有無、近代化の進展度、専任・兼任、インターポールを通じて要請のあった現場の捜査をみずから行なうものか、管轄の警察機関に行なわせる窓口かなど、さまざまな違いが見られるのである。加盟国のなかには、準国家中央事務局を設置している国が三つある（米国・ポルトガル・英国）。これは、国家中央事務局の下部組織として、地理的に離れた領土に置かれるものである。

機構の業務の多くを担っているのは、均衡達成の努力が行なわれてはいるがやはり米国、英国、フランス、ドイツをはじめとする西欧諸国であり、警察間協力においてもこうした国の国家中央事務局が重要な役割を担い、熱心かつ高い要求を持っている。その他の、アフリカ、ラテン・アメリカ、アジア諸国の国家中央事務局は、資金や人材に恵まれない警察機関に依存しており、腐敗していたりマフィアの手中にあったりすることまであって、あるべき協力体制が取られず、それを外部が強制することはできないため、事務総局や要請側の国家中央事務局の任務を著しく阻害することもある。ケンダールの就任以来、こうした国家中央事務局に対して、通信機器や情報機器の整備面などで最も不足しているものを支給する形で、できる限りで必要な支援が行なわれている。ドイツでは、連邦刑事庁の警察官はすべてウィスバーデンの国家中央事務局メンバーであり、事務総局と直接にコンタクトを取ることができるようになっている。コロンビアでは、ＩＣＰＯも麻薬カルテルの標的となり、一九八九年十二月六日、ボゴタの警察の建物に仕掛けられた爆弾は、七〇名の死者を出し、国家中央事務局も完全に破壊されてしまった。大平洋の島国の多くは、国際犯罪とはほとんど無縁であり、警察間協力の重要性は非常に低い。米国ワシントンの国家中央事務局は、司法省および財務省の犯罪対策に関わる連邦機関すべてを代表しており、一貫性を欠く要因になっている。このように、国家中央事務局は各国の基準や活動条件に対応した一国家機関であるということがわかる。

ともあれ、共同で活動するためには、事務総局と国家中央事務局とのあいだで、あるいは国家中央事務局相互に、連絡を取り合う必要がある。後者の場合には、必要に応じて事務総局にも情報を伝達し、情報の一元管理と協力の調整役としての役割を果たせるようにしなくてはならない。こうしたコンタクトは、国家中央事務局の善意と相互性に基づいている。どういった協力を行なうかは、それぞれの判断に任されているのである。しかし、他国には要請を行なうが他国からの要請への協力を惜しむような一方通行の国は、結局次第にネットワークから外されていく。こうなると、その代償はその国が負うよりほかはない。ICPOはそれを修正したり圧力をかけたりする手段は持ち合わせていないからである。

国家中央事務局が刑事事件に関して本部と関係を持つのは、おもに自動照会システムを利用し、カテゴリー別のデータベースにアクセスする場合と、メッセージ回答サービスを通して事務総局に情報を送り事務総局からの応答を受取るという場合である。後者はとくに、捜査中の事件がおそらく地域の枠を超えるものであるように思われ、利用可能なデータ全体を照会したいときに使われる（自動照会用のデータベースとは別に、新犯罪システム（ICIS）と呼ばれるデータベースが事務総局内でオンライン検索できるようになっている）。事務総局は、受理した情報の処理・分析・蓄積にあたるが、情報の預かり人であり管理者にすぎないのであって、情報を提供するのは国家中央事務局であり、その所有権は国家中央事務局にある。これが、ICPO内部で再三にわたって論争の種となっている。加盟国やその警察機関と国際犯罪（テロリズム・麻薬取引など）との癒着が取りざたされているような事件については、その分野における自国の提供情報へのアクセスを拒否する加盟国も見られる。事務総局はこうした国から要請された場合、情報の配布先を提供国の許可した国に限定する。しかし、暗号化（外部からのネットワーク侵入を防ぐためのもの）やパスワードといった安全対策が取られていてもなお、多くの国家中央事務局は本部に対する疑念を捨てていない。たとえば、職員が、その義務を忘れ、情報を利用して自国を不当に利したり、ある分野で国家中央事務局からの通信を制限し他の経路や組織を通したりはしないかといったものである。すでに一九四〇年代には、米国の連邦捜査局長官フーバーが、フランス警察には共産主義勢力が潜入しているのではないかとの疑念を持ち、フランス人率いる事務総局へ情報を提供してよいものかどうか逡巡して、協力に消極的となり、一九五〇年には機構を脱退してしまった例がある。ネットワークのもう一端である国家中央事務局のほうは、いったん捜査が終了するとその結果を本部に報告することは稀であって、国際犯罪に関するデータの多くがＩＣＰＯの手から漏れるうえ、グローバルな分析という事務総局の業務の遂行の障害ともなっている。ＩＣＰＯの効果はこういった理由でも阻害されているのだが、国家中央事務局はこうした事実に関心を寄せているようには思われない。

ＩＣＰＯで通信が行なわれる場合、国家中央事務局は司法手続や身柄拘束の専門家であることが多い。外国の司法・警察当局と自国との仲介役として、協力の原則はもちろん、関連する国内法の遵守という規律に則ってそれぞれの要請と応答とを調整するのがその役割である。言い替えれば、国家中央事務局は、その要請がＩＣＰＯの倫理および自国法に沿ったものであることを保障するということである。司法システムの多様性を勘案すれば、これは非常に複雑な業務ではあるが、基礎として重要なものである。

犯罪人引き渡しは、刑事警察分野における国際協力の論理的帰結となるべきものであり、典型的な例として挙げることができる。早くも一九一四年のモナコ会議において、迅速で統一的な手続の確立が問題となった。犯罪人引き渡しは、通常は国家間合意に基づいて、犯罪人の逃亡先の国から犯罪が行なわれた国へ犯罪人を移送することを言う。その刑法上の犯罪が両国で犯罪として認められていることが犯罪人引き渡しの基本原則である。政治的・軍事的性質を有する行為や軽微な犯罪、そして場合によっては金融犯罪も国際合意の対象から外されることが多い。二国間に犯罪人引き渡し条約が締結されていない場合でも、引き渡しは国内法の効果として個人について可能である。自国機関と外国間の司法・行政上の要請が必ず経由する機関である国家中央事務局は、引き渡し要請を受理し、それが細部に至るまで自国法に反しないものであることを確認する。たとえば、政治犯や自国民（英国および特別な例外を除く）を引き渡すことは今やほとんどないし、両国の量刑の均衡を確かめたり（死刑や身体刑を認めていない国は、こうした刑が宣告される可能性のある国への引き渡しに消極的となる）、事実が逃亡先の国内法により時効となっていないかを確かめたりするのである。国内法の要求する条件がすべて満たされ、司法当局と歩調を合わせることができて初めて、国家中央事務局が引き渡し要請に応じることができるのである。

赤手配書は、身柄拘束という重大な警察行為を要請する国際的・普遍的な逮捕状として価値を有し、必然的にその後の身柄の引き渡しをも求めるものであるが、引き渡しの取扱いは国によってさまざまである。まず、赤手配書が効力を有するのは、犯罪人引き渡しについて国際合意による関係を有する国のあいだに限られる。しかし、そのなかでも多くは、引き渡し要請に先立って、犯罪人の履歴書・容疑・

人権およびＩＣＰＯの原則の遵守などについて正当性を明らかにするよう求めている。こうした手続は濫用の危険を考慮したものであり、通常の外交ルートを通じて、ついで司法ルートで進められるもので、政府レベルでは司法当局が対処方針を決定する。こうした形式が満たされたのち、ようやく警察の介入が可能となるわけである。とはいえ、こうした形式が遵守されたとしても、各国がどのような行動を取るかは自由であり、たとえば国益を理由に（テロリズムに関する事件ではよく見られる）引き渡しを行なわない例もままある。こうした条件から、引き渡しには非常に時間がかかり、赤手配書の価値そしてＩＣＰＯの有効性を減じる結果となっているが、個人の権利の尊重は強化されている。

引き渡し要請が赤手配書と不可分であるために容疑者の逮捕が遅れるという事態を回避するため、多くの国は赤手配書を取りあげず、その代わりに一般連絡を通じて一時的な身柄拘束を求め、そのうえで妥当な外交上の手続が行なわれるのを待つという方策を取っている。このほうが犯罪人が逃亡するための時間の余地を少なくできるからである。

Ⅳ　フランス国家中央事務局（パリ）

フランスは、ＩＣＰＣを創設した一九二三年のウィーン会議に出席し、その後も投票や機関誌の編集に参加してはいたが、正式に構成員となったのは一九二八年十二月十八日、同年九月のベルン会議に臨席したオブザーバーの報告を受けてのちのことであった。おそらく、永遠のライバル英国が同年ＩＣＰＣに加入したこともなんらかの影響を与えたであろう。加入と同時に国家中央事務局を設置し、一九七〇年代に現在の権限を持つ機関として体制を整えた。この国家中央事務局はＩＣＰＯのなかでも最大級のものである。

刑事司法警察局長がフランス国家中央事務局の長であり代表を務め、国家中央事務局は刑事司法警察局（ＤＳＰＪ）の一部となっている。だが、国家中央事務局が中央機関（科学技術・犯罪対策・経済金融犯罪・捜査支援の各部局とその下にある各専門課）や地方機関などを統括しているというわけではない。国家中央事務局は、捜査支援部内の国際関係課に組み込まれており、同課は二十世紀末の時点では「ユーロポール」および「シェンゲン」グループも所掌している。フランス国家中央事務局はＩＣＰＯ・外国当局・

刑事司法警察の業務遂行にあたり国際協力を仰ごうとするフランス国内の司法警察機関（憲兵隊も含む）に対する唯一かつ独占的な窓口であるが、フランスが引き渡しに合意を与えることのできない分野はその活動領域から外されている。フランスの税関が国家中央事務局の直接の業務の対象とならないことはここから説明できる。金融・関税・為替に関する犯罪は純粋に国内的な犯罪と見なされており、引き渡しの対象とはならないのである（関税分野においてＩＣＰＯと協力している世界関税機構がフランスとの関係を保障している）。

フランス国家中央事務局は、事務総局およびすべての国家中央事務局に犯罪の防止と抑圧のために必要なあらゆる支援を行なわなくてはならないが、その権限は普通法上の捜査に限られ、交通法違反および行政・民事・金融の各事件に関する要請については国内法に従って、また政治的・軍事的・宗教的・人種的な性質を有する事件についてはＩＣＰＯの憲章に従って、国家中央事務局の管轄から除かれている。さらに、政府の事前の合意のない犯罪人引き渡し要請についても介入することはできない。国家中央事務局は、受取ったメッセージが法的に問題がないと判断すると、刑事司法警察局の担当部局あるいは外国へ向けてこれを伝達する。

一九八五年から一九九五年までの一〇年間に、フランス国家中央事務局はそれまでの遅れを取り戻した。職員は増え（実員は二倍に増え、憲兵を含めて一九九五年には五〇名となった）、近代化が進んだ（とくに、技術面や警察科学の分野で他の西欧諸国に追いついた)。国家中央事務局における事務は、事務総局の職員の業務ほどプレステージが高くはない。現場の捜査はすべて刑事司法警察局のそれぞれの専門機関が行なうためである。国家中央事務局は、事務・国際郵便・国際郵便分析処理・ICPO文書・国際関係・引き渡し・電信・翻訳の八つの班に分かれている。

事務班は、事務局全体の運営と、ICPO事務総局および刑事司法警察局の内部との連絡を受け持ち、ICPOの総会や会合の準備を行なう。国際郵便班は、インターポールの各組織やフランス警察の部局と国家中央事務局とのあいだで往来する郵便物の授受を記録する。国際郵便分析処理班は、国際郵便物について、対象が犯罪者の捜索なのか盗難車を探しているのかなど、その内容を分析してこれを処理する。インターポール文書班は、ICPOの手配書や国際刑事警察誌(機関誌)を国内の警察や憲兵隊の機関に送達したり、自動照会システムを通じて事務総局のデータベースから必要な情報を検索したり、文書の保管を行なったりしている。電信班は電信によるメッセージの授受を受け持っている。翻訳班は国家中央事務局が授受する国際郵便物の内容を英語・スペイン語・フランス語に翻訳している(ただし、法的文書を除く)。

国際関係班は、フランスの裁判官・警察機関・憲兵隊と他国の国家中央事務局とのあいだで普通法上の法的な共助を進める場合に必要な窓口役を務めることがおもな任務である。こうした共助におけるフランス国内または国外での警察・司法の業務には、事前合意が必要となる。また、フランスの国内機関に対しては、各国の司法・行政の仕組みに応じたより詳しい情報を提供して、こうした業務の準備や必要なメッセージの作成に役立てるといったことも行なっている。

引き渡し班は、フランスと他国とのあいだで犯罪人引き渡しを行なうための細かな法的手続をできる限り迅速に（二四時間内に）調整する権限を有するフランス国内唯一の機関である。この班はさらに、他国の国家中央事務局からの要請の受理可能性も確認する。つまり、その要請がＩＣＰＯとフランスの人権分野などにおける原則に反しないか、またはフランス政府の政策に合致するかを確認するわけである。フランス政府は司法合意があっても引き渡しを拒むことができるが、反対に法的事由による引き渡し拒否の決定には従わなくてはならないことになっている。この場合を除いては、ＩＣＰＯの赤手配書に対するフランス側の留保は認められるべきではない。現場の警察の介入を完全に掌握したいと考える司法当局や政府は手配書を無条件には認めたがらず、国際的な逮捕状ではなく単なる警察文書にすぎないと見なしている。現実には、各国の国家中央事務局が国際協力の倫理を顧みぬまま引き渡しを前提とした個人の逮捕を要求してきたことは何度もある。こうした理由のほかにも、フランスは自国民の引き渡しはいっさい行なわない。それが、フランス法で罰せられる行為であったり、引き渡し先の国で死刑や身体刑が課せられる可能性があればなおさらである。しかし、国外で罪を犯したフランス人が、フランスに帰国するまで無事であるというわけではない。国外においても、フランス刑法に基づき、こうした犯罪者に対し訴追・刑の宣告を行なうことができる。この手続は、当事国へ一件書類のすべてを移送する送達と呼ばれる手続で、相互的なものである。逆に、フランスが引き渡しを求めることができるのは、二年以上の刑を課される可能性のある個人であり、要請の処理は各国が国内法に基づいて行なうのである。

フランス国家中央事務局は、刑事司法警察の中核にあるため、フランス警察機関全体そして領土全体を俯瞰している。その意味では、まさに模範例ともいえるものであろう。

第四章　インターポールをめぐる国際情勢

Ⅰ　国際機関の誕生

十九世紀、ナポレオン時代が終わると、宗教の影響のもと、進歩と平和に向けた二つの大きな潮流が国際関係を動かした。一つはヨーロッパの安定と紛争の平和的解決手続の確立のために強国間で多国間合意が形成されたこと、そしてもう一つは意思疎通と経済的技術的発展を進めるために行政レベルで国家間協力が始まったことである。前者の流れは二十世紀の大戦を経て集団安全保障のための国際機関である国際連盟そして国際連合として結晶した。後者としては共同の実務機関が相次いで設置された。沿岸国による国際河川の共同管理の例としては一八一五年にはライン水運中央委員会、ついで一八五六年にヨーロッパドナウ委員会（かなりの特権を付与されていたためドイツは河川国とも称された）が挙げられる。二十世紀を迎えるまでには、国際衛生委員会（一八五三年）・万国通信連合・万国郵便連合・国際度量衡局なども誕生した。こうした連合組織は、分野は限定されているものの、多国間会議の準備やこうした会議による決定の執行を担うため、常設の中央行政機構と職員を加盟国から与えられており（この点は国際関係における重要な革新であった）、国際的な政府機関の走りであった（政府間国際機関と言い換えることもできる。当時、一〇を超える非政府機関も誕生しているが、こちらは民間によるイニシアチブによるものであり、社会的なもの（労働組合）や人道的なもの（赤十字）などがある）。

刑事警察分野での国際協力の気運が現われたのは二十世紀初頭であり、その道のりは平坦ではなかった。一八九九年の売春婦取引撲滅のための世界会議を境に、ヨーロッパと北米・南米の警察の長が警察共通の問題について話合いの場を設けるようになった。一九〇四年五月には、ヨーロッパの数カ国が醜業を行なわせるための婦女売買取締国際協定に署名、一九一〇年にはわいせつ刊行物禁止のための条約と婦人児童売買禁止条約、一九一二年には阿片に関する国際条約がそれぞれ締結された。その間の一九一一年、ヨーロッパの警察官が警察分野初の国際的な協会を結成した。このイニシアチブは限定的で、その後に続く機関同様、一見公的なようで実体はプライベートなものであった。一九一四年には、モナコのアルベール一世が同国で第一回国際警察会議を開催した（第二回以降の開催も予定されていたことになる）。この会議には、ヨーロッパを中心に、米国や中近東も含む二四カ国から代表が参加したが、多くが西欧諸国の支配下にあったアジアやアフリカからの参加はなかった。合意に基づいた、各国政府の後見を得た統一的な組織の創設という考えがその視野にあった。一九一一年の国際警察協会の創設メンバーはエスペラント語の使用を決めており、一九一四年の会議参加者が、十八世紀末に人類の調和を希求して生まれたこの言語で作業しようとしたことは、よりよい世界を信じ、仕事を通じて平和に寄与するという当時の雰囲気を反映したものであった。しかし、一九〇五年を境に世界は戦争へと引きずり込まれていく。次々と危機が訪れ、ヨーロッパ各国は慌ただしく戦争の準備に追われ、ついに一九一四年夏に戦争が勃発するのである。

第一次世界大戦が終結したとき、従来の外交システムは破壊されていた。ロシア・ドイツ・オスマン・オーストリア＝ハンガリー帝国は敗北し、部分的にあるいは完全に解体されており、王族間の関係も破れ、新しい国家が生まれ、日本や米国が強国として台頭する一方で、遺恨や不安や猜疑心が蔓延していた。以前の国際均衡はもはやない。技術面での国際協力の必要性はいささかも減じていないとしても、外交分野においては、紛争解決能力に疑問のあるヨーロッパ大国間の同盟や協調といったシステムは立ち行かないと考えられるようになった。課題は、本物の国際社会を作ることであって、ヨーロッパ以外の強国をもそこに取り込まなくてはならない。こうした概念が結実したのが国際連盟であったが、当初は敗戦国およびロシア（ボルシェビキ支配が各国の懸念の的となった）は加盟を認められず、ヨーロッパ諸国が大半を占めていた。国際連盟は、仲裁による集団安全保障を通じた平和の確保（オーストリア・プロシア・

シュレスヴィヒ・シレジアといったデリケートな領土紛争の場合など）と、進歩の保証（ドイツ植民地の解放や中東地域のトルコ支配など）を行なうものであった。一九二五年から新たなシステムが動きだし、世界の将来が真摯にとらえられたのである。

この大戦直後の時代に、オランダ人ヴァン・ホーテンが国際的な警察機関という構想を打ちだした。それは外交分野における国際連盟と同様の警察分野における組織で、国際連盟をモデルとしていた。しかし、世界情勢は特殊であり、なかでも新興国が誕生したものの大国の共同歩調からはまだ距離をおいていた中央ヨーロッパにおいてはそうであって、オーストリア人ショーバーがその構想を取りあげて具体化したとき、それは警察分野に限られた、技術的・専門的な協力を内容とするだけではなく、一つの外交的行為でもあったのである。ウィーン警視総監ショーバーはソ連は例外としてできる限り多くの国の警察を招き、一九二三年に第二回国際刑事警察会議を開いたが、この年はミュンヘンでヒトラーがクーデターを試みた年であった。ヨーロッパを中心として中国とエジプトを加えた一七カ国が会議に出席したが、これはチェコスロバキアを除いて戦争により国境を変更された国をすべて含んでおり、こうした国々はこの会議を国際的な舞台で発言する機会であるととらえていた。

世界平和の理想は近づいた。昨日の敵は今日の友である。ドイツでさえ一九二六年九月には国際連盟に加盟することを許された。しかし、一九二九年になると、経済恐慌がこうした平和に向けた飛翔を打ち壊した。一九三三年は、世界的にきわめて困難な年であった。ドイツではヒトラーが政権を握り、日本は国際連盟を脱退し、ついでドイツもこれに倣う。日本・ドイツ・イタリアが領土拡張に走り、条約違反を繰返したことで、外交は危機に陥る。ソ連が国際連盟に加盟したが、日増しに混迷の度を増す情勢下では、平和を維持するための超国家的権限を欠く国際連盟の強化には至らなかった。一九三六年には世界は再び戦争状態にあった。日本は中国において一九三一年から、イタリアはエチオピアにおいて一九三五年から戦いの最中にあり、スペインは内戦状態にあった。ドイツの第三帝国は強人となり、民主主義はかつてないほど後退していた。今度はヒトラーが攻撃に転じる。一九三八年三月十三日にドイツはオーストリアを併合し、十月にズデーデン地方を、そして一九三九年にはチェコスロバキアを完全に分割してしまった。外交手段による併合はポーランド侵攻まで続き、ついに一九三九年九月に世界は第二次世界大戦へと突入するのである。

ＩＣＰＣの本部・総裁・事務局・運営・予算・データファイルなどはオーストリアが握っていた。これは国際連盟をモデルとしたヴァン・ホーテンの理想的構想からは懸け離れたものであった。ヴァン・ホーテンの構想において憲章に挿入されていた加盟国の内政への不干渉条項は、委員会では採用されなかった（政治犯罪への介入禁止に形を変えていた）。これはおそらく、加盟国が正確に注意を喚起されなかったためであろう。この欠陥から、委員会が犯罪よりも広汎に政治的動向に巻き込まれることになるのは当然であった。たとえば、ソ連は一九二三年の会議には招致されなかった。ソ連に対しては一九二七年に加盟を打診するが拒否され、ソ連が国際連盟に加盟したあとも、戦争が始まると打診は二度と行なわれなかった。これは、ショーバーおよびドレスラー率いるICPCが、ショーバーが政治性を有しないと言明していたとしても、共産主義に反対の立場を取っていたからであろう。

ICPCが国際的に認知されるようになったのは、一九二九年四月のことであった。国際連盟が、通貨偽造撲滅のための国際条約の発効管理をICPCの通貨偽造担当グループに委託したためである。ナチスドイツは、国際関係におけるICPCの重要性を垣間見て、国際連盟を脱退するとこれに食指を伸ばした。一九三八年のオーストリア併合を境に、ICPCは世界政治の高波にもまれることとなった。ICPCはオーストリアの手からドイツへと移り、国際連盟を筆頭にあらゆる国際機関がICPCとの協力を停止したが、ナチがICPCを外交手段として利用する妨げとはならなかった。一九三八年六月のブカレスト総会がその一例である。一九四〇年八月には、ICPCはドイツ警察に編入され、他国との関係は維持されていたものの（その数は大きく減ってはいたが）、ドイツのための組織となった。第二次世界大戦中にも、併合・占領された国、中立国、ドイツとの同盟国が分担金の支払いを続けていた。

この大戦によって、世界は震撼し、かつてないほど破壊された。ヨーロッパの優越的地位は失われ、米国とソ連がこれに取って代わり、互いにイデオロギー対立を募らせた。とはいえ、両国は本当の国際機関である国際連合の加盟国として顔を合わせており、国際連盟の流れを汲む国際連合が世界の進歩と平和のために努力することとなった。この他にも、大戦後には政府間機関は空前の規模で発展し、技術的経済的な分野での国際交流が進み、各国間の相互関係が深まっていく。こうした組織は従来よりも明確な方向性を持っており、国連をはじめとして大部分が、国家の上に立つ垂直的構造と、強力な管理運営部門を有し、加盟国に対して明白な義務を課している（国連の場合には、武力の行使の禁止、紛争の平和的解決方式の採用、攻撃に対する予防的または強制的行動において国連を支持することなど）。非政府機関については、国家が直接に関与するものではないが、社会や民衆の相互関係に影響を与えるものであり、発展を続けている。

インターポールは、こうした情勢のなかで新しい出発を祝ったのである。

Ⅱ　政府間機関としてのインターポール

政府間機関とは、共通の目的を達成しようとする複数の国家が、そのために常設の、できる限り自律的な機関を設け、協力促進に役立てようとするものである。インターポールがこうした組織の一つとなるには時間がかかった。遅延の理由は、ひとえにインターポール自身の側にある。

一九二三年にＩＣＰＣが創設されたときには、はっきりと国家というものに依拠してはいなかった。加盟するのが政府なのか警察なのか、それは個人的資格によるのか集団としてのものなのか、そして委員会にどの国が加盟するのかについては皆目わかっていなかったのである。そのうえ、ショーバーが会議の招待状を送付した三〇〇ほどの宛先のうち、国家警察は三〇にすぎず、残りは市町村レベルの警察であった。希望者は申請を行ない、分担金を支払えば自動的に加入が認められた。これだけであった。ショーバーが政治家であり、ＩＣＰＣはオーストリアの支配下にあったとはいえ、イニシアチブは公的なものではなく、警察官が独自にその目標を定め、相互関係を営み、外交ルートから自由になろうとしたわけである。

しかし、ＩＣＰＣの警察官の自国政府からの独立というのは、たとえ加盟に際して行政や政治的上層部からの厳格なコントロールを受けていないにしても、公的な決定が行なわれると相対的なものとなった。たとえばフランスでは、一九二八年十二月十八日および一九二九年九月十一日の二つの命令により、国家治安警察内に国家中央事務局が創設されている。さらに一九二八年のアントワープ総会においてＩＣＰＣの構成員は人口一万人あたり一スイス・フランの分担金を支払うことが決定される。いったい一警察機関がこの額を捻出し、外部の機関に上部機関の許可なくこれを支払うことができるだろうか？

国家による参加は暗黙の了解なのである。とはいえ、同年にはニューヨーク州警察（米国）、一九三八年にはダンチヒ自由市が委員会に加盟しており、委員会が政府間機関というよりはまだ警察間の協会というに留まっていたことを思わせる。

第二次大戦を経て、一九四六年六月にブリュッセルで開かれた第一五回総会は、ベルギーの司法大臣の厚意により開かれた。招待状は外交ルートを通じて送付された。しかし、組織の転換のための交渉は稚拙であった。総会に代表を送った一七カ国のうち、非ヨーロッパ地域の国は四カ国にすぎなかった（チリ・エジプト・イラン・トルコの四カ国で、従来から委員会に協力してきた国である）。他に代表を送ったのは、ベルギー・デンマーク・オランダ・ルクセンブルク・ノルウェー・ポルトガル・スウェーデン・チェコスロバキア・ポーランド・ユーゴスラビア・フランスである。しかし、旧敵国であるドイツ・オーストリア・ルーマニアは招待を受けず、スペイン・イタリア・バルト諸国・ブルガリア・アルバニアについては、会議を取り仕切ったルワージュが復興が進んでおらず独立性が不十分で参加に値しないという判断を下したために招待されなかった。ソ連にもやはり招待状は送付されなかった。言ってみれば、ＩＣＰＣの普遍性を故意に無視しつづけただけでなく、まったく非民主的な一種の指名制によって加盟を認められる国、共に活動できる国を選別したわけである。こうした方法は総会における演説とそこで採択された規約によってさらに決定的となる。新たな目標を設定し、当時相次いで誕生していた国際機関の潮流に乗る代わりに、はっきりと、戦間期のＩＣＰＣを継承するとしたのである。実際、ドレスラーが切り盛りしていた組織は解体されたわけではなく、ルワージュはこれを利用した。とはいえ、構成員は多少の例外を除いて以前とは異なり、本部の所在国も変更され、採択された規約を新生ＩＣＰＣの設立行為であると見なすこともできよう。断絶は言葉にはされなかったが、事実はそうであった。

総会の参加者からルイ・ドュクルーに対して事務総局をパリに置くという提案が出されたとき、これを受諾する決定を下したのは内務大臣アンドレ・ル・トロケを代理とするフランス政府であった。その際フランス代表団は、事務総長のポストは本部所在国に優先的に割り当てる旨を憲章に挿入するよう求めた。ドュクルーは事務総長となった。国家の介入が始まった。憲章自体について見れば、加盟承認の条件はより厳しくなり、「本加盟」には自国政府による指定が必要であり、総会の選出によるものは「例外」とされた（自国政府の承認は必要である）。しかし、インターポールは「各国法の枠内における刑事警察当局の連合」にとどまっており、従来より国家の連携が深まったというわけではなかった。

一九四六年六月十一日、総会閉会から一週間後、ルワージュとドュクルーはベルリンの連合国金融委員会に対し、ベルリンにあるドイツ銀行に凍結されているドレスラーのＩＣＰＣ口座の流動化を申請した。まもなくしてこの資金は委員会に送金された。ついで、その後何カ月も経ってから、各地の政府当局の手にあった文書類の一部（僅少でほとんど利用価値のないものではあったが）がＩＣＰＣのもとに届いてくる。ここに、興味深い点が二つある。一つ目は、連合国金融委員会や文書を保管していた政府の介入が、インターポールに単なる非政府機関以上のものを認めている点、二つ目は、こうした資産の委譲が政府間機関の場合と同様だという点である。

一九四九年にＩＣＰＣは国連のオブザーバー資格を得た。しかし、多くの成功を収めてきたにもかかわらず、組織はぜい弱であり、国連では非政府機関として分類されていた。一九五〇年代に入ると、政府による公的な認知を得ようという試みが始まった。ネポット（事務総長の職にはまだついていなかった）は、一九五一年当時、事務総局にふさわしい本部を見つけ、より独立性の高い予算を組み、そして何より規約を改訂して組織の目的のレベルまで引きあげる必要があることを認識していた。一九四六年の規約は、実際、政府間機関として発展していくには大きな障害となっていた。一九五五年八月八日付の国連事務局からの書簡は、事務総局に対し、「組織への参加が政府に限られるようになれば、新しい組織が経済社会理事会の認める非政府機関のリストに記載されることはありえない」と通知している。これは、明白な原動力となった。一九五五年、ＩＣＰＣは独自の旗を制定して本部にこれをはためかせ、総会が開催される各地でも旗をあげることになった。これは、記念すべき進歩であった。

一九五六年にはついに新たな憲章が制定された。ＩＣＰＣは外交協調の一環とされ、世界人権宣言および各国国内法の遵守を謳い、構成員は警察ではなく国家であることがはっきりと明記された（国名は挙げられていない）。加盟国はいまや緊密に連携するパートナーとなった。加盟申請は国家のみが行なうことができ、各国は代表を指定し、国家規模にかかわらず各国が一票を有し、代表や運営にあたっての民主性の保障も強化された。しかし、憲章はインターポールが国家から独立した組織であるとも定めている。また、五〇を数える各条文のなかでも最も長い第四十一条（ただし事務総局に関する条文を除く）では、政府間機関・非政府機関を問わず、他の国際組織との関係について規定している。最後に名称もICPCから国際刑事警察機構（ICPO）へと変更され、国際関係に地歩を固める意思が表わされている。

しかし、国家は憲章の当事者ではあるが、政府が草案の作成にあたったり憲章を批准したりしたわけではない。したがって、インターポールが一国際機関となったのは、国家による上からの決定によるものではなく、その構成員による下からの決定によるものであり、多様かつ自由意思に基づき憲章に賛同している構成員の決定によるのである。ICPOとなったインターポールは、国家を構成員とする非政府機関にとどまっていた。

政府間機関としての地位を獲得するためにネポットが定めたこの他の条件も、少しずつ実現されていった。一九五八年のロンドン総会では、新しい財政規則が採択された。分担金は加盟希望国とICPOとの話合いにより決定されることとなり、これは国際組織としてほかには見られない方式である。政府間機関とインターポールとの関係も充実していく。一九五九年、欧州評議会とのあいだで相互共助プログラムが発足する。続いてユネスコ（国連の意思による）・アフリカ統一機構・国際民間航空機関・関税協力理事会とも協定を締結した。ネポットは、一九六三年から七八年にわたって事務総長を務め、こうした外交における突破口を開く中心的役割を果たした。そして、国連麻薬委員会という重要な国際舞台において、オブザーバーにすぎない非政府機関としての席を与えられることを断固として拒否したのである。

ついに、サン・クラウドのＩＣＰＯ新本部庁舎が完成すると、一九六七年五月二十五日にフランス内務大臣が落成式に出席（外務大臣ではなく内務大臣である点は、ＩＣＰＯへのフランスの影響力がまだ残っていることを示している）、四八カ国の大使と二〇カ国からの代表も臨席した。公的機関としての趣きがますます強まってきたのである。

こうしたうえでネポットは五大国で作る国連の委員会にＩＣＰＯの案件についての中立てを行なった。ロシアは棄権したがＩＣＰＯの主張は認められた。その結果、一九七一年五月二十日に国連の経済社会理事会とのあいだで「特別協力協定」が結ばれ、相互に会合にオブザーバーを派遣することを予定し、ついにＩＣＰＯを政府間機関として認められるに至った。これまでインターポールは国家を構成員とする非政府機関であったが、根本的な変革を経ずに、これからは政府間合意によらずに創設された政府間機関となったのである。

しかし、本部取得に先立つフランス財務省との交渉において明らかとなったのは、政府間機関となったICPOがフランスにおいて法的地位を有していないという事実であった。こうした状況を修正するため一九七二年まで交渉が重ねられ、フランス領土内における法的基盤と、政府間機関に認められる権利や特権が与えられることとなった。また、加盟国という概念が初めて明示的に表明されたのもこのフランスとの本部協定であった。機構のこの他の公的文書（憲章および一般規則）は国家および構成員という形での言及しかしていなかったからである。一九七五年七月二十三日、国連の経済社会理事会は、ICPOが政府間機関であることを確認した。

前記二つの法的条件（政府間機関としての地位および本部協定）を整えたうえで、ICPOはその名称を世界知的所有権機関（WIPO）に寄託した。手続きは一九八〇年に完了している。

しかし、ICPOの地位は完全に安泰というわけではなかった。一九七〇年代なかばからサイエントロジー教会との紛争に巻き込まれたことから、新たに事務総長に就任したボッサールは、一九七二年の本部協定では機構職員に対して政府間機関に与えられるべき訴訟手続の免除が認められていないことを認識し、その獲得に向けてフランス外務省との交渉を開始した。一九八二年から八四年にかけての新本部協定は、こうした訴訟手続の免除と事務総局の庁舎・文書・通信物の不可侵という問題を解決し、いくつかの特権を認めるものであって、ようやくICPOが他の政府間機関と同様のレベルに達したという点で満足のいくものであった。

しかし、政府間機関としての地位を完全に認められたとしても、ボッサールが一九八三年二月に各国の国家中央事務局に対し、こうした状況を詳細に書面にて伝達し、これを政府当局に伝達するよう求めなくてはならなかったことからわかるように、加盟国のほうはこの点につき確固たる認識を持っていたとはいえなかった。ボッサールは、フランスが本部に認めたと同様に、また分担金が内務省や司法省ではなく外務省から支払われていることはさておき、各加盟国からも特権と訴訟免除を獲得することでICPOの地歩を固めようとしたのである。米国は、一九八三年六月十六日に本部協定とは別個に、米国領土内において政府間機関に認められる特権と訴訟手続の免除をICPO与えることを決定する。二十世紀末には、機構の準地域事務局が置かれている国で同様の権利が認められるようになった。

ICPOは加盟国以外にも多数の国際機関と長年にわたり協力関係を築いてきた。国連では、国連人権センター・犯罪防止および刑事司法部・国連薬物統制計画との協力を行なっている。また、国連機関のなかでは、航空機の安全について国際民間航空機関、向精神薬の濫用に関わる問題について世界保健機関、通信網に関する問題について国際電気通信連合、各国の文化的芸術的遺産の保護および美術品の盗難防止についてユネスコとそれぞれ協力している。政府間機関としては、ヨーロッパ大陸における犯罪問題の研究や条約準備について欧州評議会、麻薬の違法取引などに対する税関と警察の協力について世界関税機構（旧関税協力理事会）、種の保存に関する犯罪対策について絶滅のおそれのある野生動植物の種の国際取引に関する条約事務局〔通称ワシントン条約〕が挙げられる。非政府機関では、国際航空運送協会・国際刑法協会・国際廃娼連盟・国際銀行安全対策機構と連携しているほか、警察に関連する主題が取りあげられる際には国際犯罪学会・社会防衛学会にも参加している。

一九八七年七月十八日にリヨンに置かれた礎石には、次のようなメッセージが刻まれている。「この建造物に生ける者は、世界の平和と安寧に貢献する者である」。創設当時から、一九五〇年代なかばに採用された月桂樹を冠した記章、そしてこの礎石に至るまで、インターポールはつねに、国際連盟や国際連合と同じく、平和への希求を掲げてきたのである。

Ⅲ　インターポールと国家の駆け引き

国際機関としてのインターポールは表向きには独立を志向しているが、とくに構成員が国家であることが明白に示されて以降、加盟国の外交目標による雑音から逃れることは難しくなっている。唯一の世界規模の警察組織であるという特性や、さらには憲章上も事実上も国家中央事務局すなわち国家（国家中央事務局は政府が運営し一定の政策に基づいている）と不可分に結びついていることを考えれば、インターポールが国家間対立の場、あるいは国家による外交地図の一部となることは避けられない。インターポール史上のさまざまな出来事において（それが厳密に政治分野の問題ではないときでも）、内部問題（事務総局内部における加盟国との関係）と高度に政治的な問題（事務総局と加盟国との関係）とを切り離すことは容易ではなかった。実際には、国際関係における数々の展開ではすべてが多かれ少なかれ直接の結びつきを有するのである。加盟や脱退、テロリズムを取りあげることについての論議、公用語の選定といったすべてについて、水面下での戦いが繰り広げられうるのである。

インタポールを政治的・外交的に利用した例としては、まずオーストリアやナチスドイツが挙げられる。本部は一九四六年フランスの意思とは別に偶然にフランスの手中に入ることになったが、ほどなくフランスもこの組織から得られる利益を認識するようになる。フランスは第二次大戦後もはや現実には大国とは見なされておらず、国連の安全保障理事会の常任理事国として認められたのは正義の観点からにすぎなかった。フランスにとって地位を取り戻すことが必要であり、インターポールはこうした意向を反映する一つの手段であった。フランスがインターポールをその掌中からしぶしぶ離したのはようやく三〇年たってからのことである。インターポールの内部におけるフランス対米国の支配権争いは象徴的である。

一九四六年のブリュッセル総会に際し、米国は代表を送っている国にイデオロギー上の疑念を抱いて欠席したものの、ICPCへの加盟を表明した。一九四七年九月、ソ連は各国の共産党をコミンフォルムに結集させ、東欧諸国の社会主義化のプロセスを加速した。世界は冷戦に突入したのである。一九四九年四月には、米国率いる西欧の軍事同盟である北大西洋条約機構（NATO）が発足した。一九五〇年六月になると、ソ連と共産主義国である中国を後ろ楯に、北朝鮮が韓国に侵攻する。同年十二月、米国連邦捜査局（米国司法省に属する）長官であったジョン・エドガー・フーバーは、ICPCは政治的に中立でないとし、社会主義諸国を受け入れるべきではなく、事務総長を擁しているフランス警察には共産主義者が潜入しているとして、ICPCから脱退してしまった。しかし、これで米国の関与が途切れたわけではなく、翌年には財務省が正式にこれを引き継いだ。

世界の二極化という世界情勢は、緊張が続き紛争が散発しつつも、次第に定着してきたように見えた。この間、フランスは自国の威信とインターポールの威厳を回復し、インターポールは着実に世界規模のダイナミックで有能な組織となっていった。しかし、ベトナム戦争は起こったがデタントと言われた時代（一九六二年から七五年）の最中に、米国はまた新たな敵を見出した。一九五〇年代とは逆に、今後はインターポールに参画することとなったのだが、表向きの理由は麻薬対策という国内事情であった。おそらく、その背景には別の理由があった。ICPOは当時まだヨーロッパ中心の組織だったが、当のヨーロッパはフランスを筆頭にドイツその他の諸国がそのアイデンティティーを主張し、軍事・経済・外交・文化の独立を求め、次第に米国と対立するようになってきていた。その一方で、二つの超大国の覇権は部分的にではあるが国連により弱められ、その国連自体も七〇年代初頭には信頼性の低下と無力さに悩まされていた。また、ソ連と共産主義中国は世界各地に勢力を伸ばして米国を守勢に立たせていたが、両国はまだＩＣＰＯには加盟しておらず、国連とは異なりＩＣＰＯを通じて第三世界諸国に影響力を及ぼすには至っていなかった。

一九七〇年代なかばはまさに第三世界諸国が活気づいた時代であった。一九七三年、ソ連と結んだアラブ諸国は米国の支持するイスラエルに対抗する新たな勢力を標榜し、その戦争に敗北はしたものの、ついで石油を西欧諸国に対する経済的武器として用いた。一九七五年には南ベトナムが共産主義の手に落ちてアジアを震撼させる一方で、レバノンでは内戦が勃発する。ソ連と米国との深刻な対立が南北対立ともあいまって、米国の目にはデタントはソ連有利の情勢に傾きつつあると見えた。こうして一九七〇年代末、米国は外交を硬化させた。一九八〇年ロナルド・レーガンが大統領となり、あらゆる手段を用いてソ連に対抗して国力を取り戻すと宣言する。ここにきて、外交は新たな段階に入ったとも言えよう。

米国がＩＣＰＯに復帰したのは、こうした情勢のなかであった。手始めに、麻薬取引対策を名目として米国中央情報局（米国の諜報機関）が、一九七四年から七五年にかけて、ICPOのもとでラテン・アメリカおよび東南アジアに連絡官を置くことを決めた（ラテン・アメリカはキューバ革命の影響によって米国の覇権が脅かされている地域であり、東南アジアは米国の地歩が崩れつつある地域であった）。ICPOのもとで実施されたこのプログラムの資金は、米国の国務省が、同省に属し中央情報局の活動をカバーする機関でもある国際開発庁を通じて提供した。当時、米国は分担金を支払っておらず、これは米国にとって政治目的が警察活動よりも重要であったことを物語っている。ネポットのほうはこうした米国の意図を十分に理解していたと思われる。なぜなら、米国が接近しはじめたとき、ネポットは、米国が分担金を支払っていないこと、ICPOにはすでに小規模ではあるが麻薬対策プログラムが存在し、連絡官も置かれていることを指摘しているからである。

一九八〇年代初めになると、ICPOに対する米国の姿勢はより実務的なものに戻ったように思われる。しかし、米国の目標は単に参加することではなく、組織を牛耳ることであった。その足がかりとして選ばれたのは国際テロリズムであったが、これは周知の通り国家問題、すなわち政治・国際関係の問題であることが珍しくない分野であり、その選択はけっして偶然の賜物というわけではなかった。しかし、ネポットは、一九七〇年代にアラブのテロリズムが姿を現わしてからも、この新たな事象への対策に積極的な役割を果たすべきとする加盟国の声にほとんど答えてこなかった。ネポットは、アラブ諸国が大挙して脱退し、組織が瓦解することを恐れていたのである。そのうえ、ＩＣＰＯの後ろ楯であるフランスは、アラブ諸国と友好的な関係にあった。米国はまず手始めに自国の国家中央事務局を再編し充実させ、ついで事務総局に高官を送り込み、総会や委員会における決定や選挙のプロセスにおいて積極的な動きを見せた。英国・スペイン・フランスはそれぞれ同盟国ともいえるネットワーク（大半が旧植民地）を作っていたが、同様に米国は自国のテロリズムに関する主張を受入れ支持する（中南米を中心とする）第三世界諸国を集め、外交的には成功を収めた。米国は内部に生じていた対立やフランス支配に対する反発を利用し、圧力をかけ、同盟を結んだ国々に米国の意見を浸透させ、次第に地歩を固めていった。一九八二年十月のトレモリノス総会では、米国人ジョン・シンプソンが副総裁の地位に就いた。一九八二年に締結された本部協定のフランス議会による批准が遅れていることをも一つの機会として、米国はロナルド・レーガン大統領による一九八三年六月十六日付命令の署名にまでこぎつけた。この政令は、ＩＣＰＯを「国際機関」と認め、「国際機関に対する免除に関する法律によって認められる特権、税の免除、訴訟手続の免除を有する」とするものである（ただし、米国の政令は国際社会において効力を有するものではなく、象徴的な意味合いにとどまる）。

一九八四年九月のルクセンブルク総会において、シンプソンは米国人として初めて総裁に就任する。フランスはすでに事務局長のポストを占めていたため、フランス人ではないが同盟国であるアルジェリアの候補で、執行委員会の委員を二度務め、アフリカ代表として副総裁も務めたモハメッド・メサイドを支持してシンプソンに対抗したが無駄であった。このほかにこの総会では新たな本部をリヨンに設けることが決定された。米国は機構本部をパリに残しておきたいと考えており、事務総局を新たに建設することについての専門家による試算を提示し、あまりに金がかかりすぎるとした。シンプソン総裁は、スウェーデン人の元総裁であるカール・ペルソンに調査を依頼した。この調査はボッサールの潔白を証明するものであったが、それにもかかわらずボッサールは辞任に追い込まれた。道は大きく開けたのである。

暫定事務総長として、ボッサールが推薦し米国の支持を得た英国人レイモンド・ケンダールが就任する。その翌年の一九八五年十月のワシントン総会では、テロリズム問題を前面に押しだした米国による一大選挙キャンペーンが効を奏して、ケンダールは抵抗もなくすんなりと正式に事務総長となった。フランスは一般規則第四十三条の「事務総長は機構の本部所在国から優先的に選ばれる」旨の規定を援用しなかった。その代わりにフランスは執行委員会にポストを得た。ＩＣＰＯはアングロ・サクソンが率いることとなったのである。

一九八八年にシンプソンの任期は満了した。それまで沈静化していたフランスと米国との対立は再燃する。その後継として米国が立てた候補は、第三世界と南東アジア諸国を代表するタイ王室警察局出身のパウ・サラシン、対するフランスの候補はフランス警察イヴァン・バルボー局長であった。選挙の結果バルボーが総裁に就任したが、総裁にはあまり実権がなく、ケンダールが組織を取り仕切っていたために、フランスの力を復活させるには足りなかった。それでもバルボーは、政府関係者や政府間機関の代表との会合を通じ、ICPOの存在意義を知らしめるために奔走し、総会に対して提出される事務総局の報告書のなかに総裁の活動の総括を記載させることに成功した。

二年後、今度は事務総長の任期が終わった。フランスはそのポストを再び手中にしようと試みた。禁止されてはいないとしても、総裁と事務総長の両者をフランスのものとすることはできないという理由で、チュニジアの警察官が候補となった。しかしケンダールは執行委員会において再指名され、一九九〇年の総会で再任された。一九九二年にはまた総裁の任期が切れたが、フランスはセネガル人候補の当選に成功することはできなかった。確かにこのレベルのポストをアフリカが占めたことは一度もなかったが、執行委員会はカナダ人ノーマン・インクスターを選び、インクスターは十一月のダカール総会で選出された。バルボーは名誉総裁となり、フランスは執行委員会にポストを得た。簡単に言ってしまえば、米国は、わずかな分担金で、単なる警察間協力を超えて外交目的で利用できる重要かつすばらしい政府間機関を掌中に収めたのである。これは米国が初めてではない。オーストリア・ドイツ・フランスが、それぞれの状況下で異なる目的をもって同じことを行なってきたのである[1]。

（1）一九九六年に選出された次期総裁は、日本の兼元俊徳である〔訳注〕。

こうした大がかりなものをさておいても、インターポールの構成員のあいだの関係は、世界における自国の立場や意図、そしてそのときどきの国内外の情勢に関する条件を、大なり小なり反映したものであった。逆に、インターポールも、職業上の目的（警察・行政など）や外交上の目的（政府間機関としての認知を求めたり、加盟国を統率しようとすることなど）、そして外部との関係における立場に沿って、行動しているのである。

インターポールは、その任務の性質から、できる限り多くの国の加盟を得て、イデオロギーをはじめとする相違や多様性を超えてその共存を図ってきた。第二次大戦後にナチの犯罪者の捜索を立ちあげるのにおくれたのは、こうした犯罪者を隠匿している構成員の反感をかわないようにし、組織の発展を続けていこうとしたためであった。また、一九四八年九月のプラハ総会において、政治的・宗教的・人種的な事件への介入を排除する旨の文言が一九四六年の憲章に付加された背景には、世界のイデオロギー地図が明瞭になってきたこの時期に、共産主義の影響下にある諸国の脱退を防ぐ目的があったと思われる。組織が伸長し、さらなる発展を望むのであれば、政府の干渉をうまく処理し、ばらばらでときには相容れないような警察間での協力を促し、わずかでも国家の自尊心を傷つける可能性のあるものや構成員同士または構成員とインターポールとのあいだでの事故や軋轢を避ける必要があった。構成員数は伸びつづけ、ますます外交手腕そして中立性が要求されるようになり、専門分野の活動に専念する道が取られた。事務総局はこの規律を守るよう監視しつつ求めてきた。しかし、こうした慎重な態度にもかかわらず、多くの国がインターポールを政治問題に巻き込もうとしたり、組織自体の政治化を図ろうとした。現実には、加入をめぐる手続がとくに政治的な行為となった（その利益と成功を標榜するものはまれではあったが）。まだソ連が加盟していなかった一九四九年にＩＣＰＣに加盟していた東側諸国の警察のなかには、スターリン時代の暗い最期の時期になってその活動から手をひく国も現われた。一九五一年にブルガリア、一九五二年にはポーランド・チェコスロバキア・ハンガリーが脱退し、その理由ははっきりと口にされずとも明白であった。一九五〇年に赤狩りの吹き荒れるなか政治的行動を示した米国人フーバーと同類だったのである。

もっと微妙な形で協力から身をひく例もある。南アフリカ連邦〔現在の南アフリカ共和国〕・ラオス・カンボジアの場合には、財政上または政治上の理由があった。ブラジルは一九八〇年に正式にＩＣＰＯを脱退しているが、他国の場合と異なり理由を明示した唯一の例である。ブラジルはその後一九八六年に再加盟している。こうした国々はいずれも、時期の差こそあれ再加盟しており、これはインターポールの専門的価値と中立主義を再確認するものであった。一九七三年には二〇年間のブランクを経てルーマニアが、一九八一年にはハンガリーがそれぞれ復帰している。

加盟もまた各国の置かれている状況や思想の変遷に左右される問題である。イスラエルは国連による建国から数カ月後、一九四九年に加盟した。一九五二年には誕生から三年経ったドイツ連邦共和国（西ドイツ）が加盟（日本も同年加盟）。旧植民地の解放も、数多くの新興国の加盟を促した。アフリカ大陸の新興国については、モンロビア（リベリア）においてＩＣＰＯの第一回地域会議が一九六二年三月に開催され、インターポールが大国や西欧諸国だけのものではないことを第三世界に示すことができ、さらなる新規加盟を促して、一九六〇年一月の時点で七カ国であったアフリカの構成員は一九七〇年一月には三〇まで増えた（マダガスカルを含む）（第一回アジア地域会議は一九六七年に京都で開催された）。こうした国々は加盟を独立のおまけとして考えているというＩＣＰＯ側からの指摘があるにしても、その加盟は大きな成功といえよう。もしこうした指摘が正しいとすれば、インターポールの非政治主義と国家主権の尊重を示すさらなる証左となる。アフリカ諸国に続いては、大平洋諸国が加盟する。米国の承認を受け、進歩と開放路線を歩んでいた中華民国（台湾）は一九八四年に加盟し、米国人シンプソンが総裁であった翌年八五年に一度だけ代表が執行委員に選出されたことがある。ついで、八九年のベルリンの壁崩壊によって、東欧諸国の加盟が続く。ゴルバチョフのペレストロイカ下のソ連が一九九〇年十月のオタワ総会で加盟し、これに倣ってポーランドとチェコスロバキアが復帰するが、ソ連はその翌年解体する。一九九一年十二月以降は国連その他の政府間機関の場合と同様にロシアがこれを継承した。一九九二年十一月のダカール総会に際しては、一一の新規加盟国のうち六カ国（アルメニア・アゼルバイジャン・エストニア・カザフスタン・リトアニア・ウクライナ）が旧ソ連、三カ国（ボスニア・クロアチア・スロベニア）が旧ユーゴスラビアであった。ＩＣＰＯはこの当時で一六九カ国の構成員を擁し、国連加盟国数にあと七カ国と迫った。

加盟・協力停止・復帰といった出来事のなかでは、一九五九年のキューバの例はちょっとした波瀾にすぎなかった。

政治介入の試みはつねに存在した。一九五九年には、パキスタンで総会が開かれることになっていた。しかし、パキスタンはイスラエルとの外交関係を有しておらず、サウジアラビアなどの友好国に唆され、イスラエルの代表団を招致せず、事務総局から招待があってもビザの発給を拒んだ。ＩＣＰＯはこれに素早く対処し、一九四六年来初めて総会をキャンセルするとともに、十二月にパリにおいて代替セッションを準備し、ここで加盟国を招致する代表団はいかなる例外も留保もなく加盟国すべての代表団を受理しなくてはならないことが決まった。こうした態度は肝要であった。これにより、ＩＣＰＯは個別の利害対立を超えたところに立ち、衡平な政府間機関としての役割を担うことができるからである。こうして、イスラエルとアラブ間の二度の戦争のあいだにも、関係国は総会で顔を合わせることとなった。一九八〇年から八八年まで続いたイラン・イラク戦争のあいだも同様であり、ＩＣＰＯでは両国が麻薬取引対策について議論を重ねていたが、フランス語表記の国名のアルファベット順である大会議場での席順だけは注意が払われ、ギニアが両国のあいだに席を占めた。個別に見ても、イランとイラクはインターポールの専門主義に対して信頼を寄せている典型例となっている。イランはインターポールの創設当時から変わらぬ構成員であり、アラトラ・ホメイニが一九七九年に政権を握ったときも組織に残った。一方でイラクは、一九九一年湾岸戦争に際して連絡が途絶えたものの、わずか数週間後には連絡がとれるようになったのである。

とはいえ、ICPOが完全に中立であるといってしまうのは正確ではない。他の政府間機関〔専門分野を持つか否かにかかわらず〕と同じく、ICPOもひろく世界の問題に関わりを持ち、その活動は加盟国において、それほど大きくはなく限定的ではあってもやはりなんらかの反響を呼ぶのである。事務総局と総会は、犯罪対策について深刻な問題のある個別の分野においてもっと協力を進めるよう加盟国に要求することも少なくない。ICPOは国内法や国際法に代替することはできないが、加盟国の警察機関がなんらかの措置を取ることが望ましいと考える場合には、こうした法規へ影響を及ぼそうとすることもある。たとえば、一九四九年十二月の国連総会で人身売買および他人の売春からの搾取の禁止に関する条約〔人身売買禁止条約〕が全会一致で採択され、ほとんどの国で批准されて各国に国内法の整備の義務が生じたが、まもなくこの条約の文言では不十分であることが明らかとなった。ICPOは一九六五年に三つの修正提案を行なったが、実を結ばなかった。しかし、その後、ＩＣＰＯは各国国内法が麻薬中毒者の治療、正確に言うと患者の病院への収容を考慮する方向へと導く一定の役割を果たす。また、人身売買分野が優先的に対策を急ぐべき分野であると決定することでイニシアチブも示す。こうして、一九九二年四月、子供および青少年に対する犯罪に関する初の国際シンポジウムにおいて、代表団はこの問題の解決策を提示し、国連と協力しつつイニシアチブの調整を図り、各国の国内警察に専門の連絡官を置くことを内容とする作業部会の設置を決めた。しかし、この場合においても、こうした進展の背景には、一九八九年十一月の国連による児童の権利に関する条約〔子どもの権利条約〕と、その数日後のリヨン本部の落成にあたりフランス大統領ミッテランがこの分野での対策は急を要しており効果的に行なわなくてはならないと宣言したことがある。このように、ＩＣＰＯは、構成員に対してなんらかの措置を求めたり一定の方向を示したりする際にも、構成員と対立することはない。政治に近く国家主権に抵触しがちなテロリズムという分野に手をつけるときでさえ、ＩＣＰＯは技術的な、厳密に警察分野に限定された（最も進んでマネーローンダリング対策に関する立法の凡例を提示するにとどまる）方法を取るのであって、そのため各国は加盟国でありつづけるのである。

Ⅳ　国際システムのなかで

政府間機関として、ＩＣＰＯは国家と並んで国際法の枠内で法人格を有している。ＩＣＰＯの活動はこの資格をもとに、その専門分野内で（その専門分野に限って）、その憲章の定める目的に従って、その権能を行使する。その組成は目的に厳格に必要な権能を与えられている。とはいえ、ＩＣＰＯには憲章に記載されてはいないが活動に不可欠な権利も認められている。

他の政府間機関と同様に、インターポールにも三つの特性を備えている。国家の参加、組織構造、行為能力に関する特性である。まず国家の参加については、加盟手続は単純で、自動的ともいえるほどであり、迅速かつ要求条件も少ない。加盟希望国は憲章を遵守する義務を了承し、分担金について執行委員会と折り合いをつけ、総会に出席して加盟の認定を受ける（三分の二の多数決）。加盟拒否はまれではあるが可能である。一九九二年、マケドニア旧ユーゴスラビア共和国がマケドニアの名で加盟を申請したが、その国際法上の地位は未確定で、名称に関しても争いがあった。そのため総会は申請を却下したが、一九九三年になって、各国の承認を得、国連加盟も済んだのちに、マケドニア旧ユーゴスラビア共和国の名でその加盟を認めた。次に組織構造については、全構成員による総会、選出による機関である執行委員会、そして執行機関である事務総局という構造になっている。最後の行為能力については、法的行為の発動に関する点であるが、これはＩＣＰＯにとってほとんど不可能に近い（あるいは辛うじて赤手配書の場合に限られる）。なぜなら、警察や刑事司法に関する立法権を国家が手放すことは考えられないからである。

総会は、ＩＣＰＯの方針を協議のうえ決定し、その政策を方向づける。加盟国すべての代表は平等で、直接民主性のモデルとなっており、国家はその主権について保障を得ている。ＩＣＰＯほどの規模の組織では、希望はあってもやはり全会一致を得ることは非常に難しいため、加盟国は投票にかけられる決定が多数決で行なわれること、そして拒否権はなく総会レベルでの阻止は行ないえないことを了承している。こうして、手続や対処が迅速に行なわれるようになっているのである。

より身軽な執行委員会は、全体のために行動する数ヵ国から成る、代表民主性のモデルである。加盟国の利害と意思は共通であることを受容し、そして加盟国を代表するために選出され、与えられた信頼に応え個別の利益より共通財産・一般利益を大切にする義務を負う、全体のなかの少数の代表者が、こうした利害と意思を体現しうるという考え方を象徴しているものである。代表者のローテーションや入れ代わりは、国連の常任理事国の場合に見られるような、貴族主義的・特権的・専制的な行動への偏向を避けるためのものである。理論的に見れば、執行委員会は会合の頻度が高い分、総会よりも効率的なはずであるが、実際には権限があまり与えられていない。総会と執行委員会が各国政府の集まりであるとすれば、事務総局は各国の権限を離れた個人から成る機関であり（理論的にはそうであるが、実際には職員は出身国からの圧力を受けることもある）、その立場には曖昧さが残る（政府間機関はどれも同様である）。なぜなら、事務総局が単なる国際的な行政組織にすぎないとしても、一定の自由裁量が許されており、上部機関である総会の決定を用意しているからである。さらに、事務総局の行動は、日常的・継続的な活動を超えたところで、ＩＣＰＯの機能が単に加盟国の定期的会合という意図に従属してはいないことを示しており、組織の独立性を反映している。

ＩＣＰＯの分権化については（準地域事務局）、世界的規模・専門的任務・業務の複雑性からしても、また活動の年季や経験の度合いから考えても望ましく、現地の需要により正確に応えていくためにふさわしいもので（現行の一九五六年の憲章は地域化という点がまったく欠如しているが）、運営と決定における自律を認め、一層の協力を促すものとして、また国家問題への不介入・参加する構成員の平等を保障する支えとしてとらえていくべきであろう。

ＩＣＰＯのような政府間機関に与えられる特権免除は、一九六一年四月十八日の外交関係に関するウィーン条約で認められているものに近い。対象は主として事務総局と職員および準地域事務局で、内容は不可侵と免除から成る。不可侵によって職員・事務総局・準地域事務局がその庁舎および財に対する司法または警察による執行措置（捜索・徴用・没収・収用）から保護され、司法免除によって職員がICPOの事前の合意なく業務上の行為についての民事・行政・刑事訴訟の対象とされることを免れる（私生活上の行為および交通犯罪は除かれる）。また、ICPOの通信物は、外交上の公用通信および封印袋と同様に不可侵であり、通信に際し暗号を用いる権利を有するほか、租税免除によって本部や準地域事務局が置かれている国に分担金の一部を回収されなくて済む。記章および旗の使用は政府間機関の特権であるが、ICPOは政府間機関と認められるに先立ち一六年間にわたりこれを標榜してきた歴史がある。

二十世紀末の時点では、政府間機関は数多く（四〇〇を超える）、ダイナミックで多様性に富んでおり、国際社会のなかで重要かつ特色ある地位を占めている。国連と同じく普遍的組織であるICPOもその例外ではない。他の政府間機関と同様に、ICPOも各国間、さらには国際的な主体間の関係を構築する。ICPOは協力のための組織であり、主権国家から成る国際社会の構造を変革することなく、国家レベルを超えた問題が生じている刑事警察分野で主権国家の利用に供される機関である。統合組織というよりは国家の社会的機能を伸長するための組織であり、したがって国家間の接近を図り（少なくともその活動分野において）国家の役割を崩壊させてこれに代替しようとするようなものではない。

しかし、関係構築はその規範化を招き、協力には軋轢がつきものである。ICPOも他の政府間機関と同じく、さまざまな意向にさらされ、これと妥協してきたのである。

ＩＣＰＯは、国家の並置を原則とするのではなく、社会の相互浸透に基礎をおいてきた。構成員が直面している警察に関する問題の共通性や、こうした問題を解決するために築かれた関係から、連帯という形式が生まれ、規範がつくられ、ＩＣＰＯのルール（活動分野に限られるが）が課せられるなかで国際関係のルールも変化していった。これが国家に対する新たな拘束となり、その政治的選択肢を狭める形で国家行為に対する一定の制限が課されることとなった。確かにＩＣＰＯは国家と同じ権力を有するわけではなく、また国家主権とその政治的実効性の基礎ともなる警察分野という非常にデリケートな分野で活動しているのであるが、にもかかわらず自律性と独自のダイナミズムを備えた活動を展開している。事務総長は、一定の制限はあるものの、独立してイニシアチブを取り、国家の決定や新たな原則の採用に影響を及ぼすことができる。その一因は、決定が行なわれる手続において国家代表がきわめてマイナーな役割しか与えられていないことであろう。代表自身も自国政府からの自律を享受しているという事情もあるが、こうした代表がＩＣＰＯ（正確には事務総長）をコントロールすることは難しい。反対に、機構を支配しようという意図をもつ国は、事務総局をコントロールしてしまえばよい。こうしたあらゆる事情があいまって、国際法の発展に伴い、治安に関する国内政治の関心事（ごくささいなものでも）が、インターポールが専門的に管理する国際問題となったのである。したがって協力は不可欠であってそこからルールが生まれ、望むか否かに関わらず、国家の独立性は制限される傾向にある。

影響力をめぐる戦いはこの土俵で繰り広げられている。国家・社会・政治経済システム・イデオロギーは多様であり、リアリズム、つまり主権国家の個別主義を恒常とする考え方も姿を消してはいない。したがって、国際関係のさまざまな分野で、相克や紛争、言うなれば支配をめぐる戦いが行なわれている。国家がICPOに惹かれその原則や規則を受け入れるとしても、行動の自由はその手中にあり自国の考え方をそこに反映させようとする。政府間機関は、構成員の対外政策の表出の場である。ICPOも例外ではない。かつて社会主義諸国は、労働組合の自由を侵害していると告発されたために国際労働機関〔ILO〕を攻撃した。一九八四年には米国が、管理運営の怠慢と自由世界の理想への敵意を理由としてユネスコを脱退している。

ICPOは、国際システムを変革するものではない。むしろこれに適応しているとも言える。なぜなら、幾度も試みはあったものの、中小国が組織内で認められるには至っておらず、せいぜいその利益の一部を辛うじて守っているにすぎないからである。たとえば、二十世紀の終わりに至っても、アラブやアフリカ出身の総裁は出ていない。それでも、第三世界の弱小国はその独立に際し、正当性を保障し、新たな地位を与え、その存在を認めるものを探す。国家主権と構成員の平等が保障されているICPOへの加盟もその一選択肢である。しかし、こうした国々の加盟によって加盟国数は増大するが、それがすぐに影響力や権力の増大につながるわけではなく、既存システムを脅かすわけでもない。また、世界が米国とソ連という二つの超大国の引力・影響・拘束にさらされ、恐怖の均衡とイデオロギー競争の最中にあったのを尻目に、インターポールは四〇年近くにわたって二極どころかフランスの一極支配のもとにあった。おそらく、こうした力関係によって世界政治の大きな紛争図から距離を置くことができ、これが組織を救ったともいえよう。超大国の利害が絡むことなく、どちらかといえば順風な環境で専門分野に専念して発展することができたのであって、構成員その他が他の方法でこれに取って代わろうとすることもなかった（テロリズムは例外であり、この問題がまさに政治問題であることを示している）。一極支配が四〇年近く続いたこと自体もにわかに信じがたい現象で、政府間機関の世界においては非常に例外的なケースである。

一九八〇年代にICPOの内部で新たな力関係図（二極化）が生まれたが、これは米国と崩壊したソ連、あるいは他の政府間機関同様にこれを継承したロシアとが対立するものではなく、米国とフランスとが対峙するものであった。唯一の超大国である米国を頂点に大平洋の小国を底辺に置くヒエラルキーは、非常に多層的なものとなっている。ICPOの均質性が大きく崩れたことは、進歩の源でもあり、また不安定要素でもある。

しかし、現在は、国家（あるいは「国家間関係」）が大きく強くなりすぎているとしてこれを弱めようとする傾向があるため、多くの政府間機関において脱退・加盟拒否・一方的な協力の縮小など国家による信任の揺らぎが表出している。しかし、ＩＣＰＯはこの種の問題を抱えていない。おそらくそれは、そもそもＩＣＰＯにおいては国家という概念そして各国にあまり重きがおかれていないことに起因するのであろう。

結びに

一九七五年の米国上院議員モントヤの発言や、さらに時代が下ってサイエントロジー教会や「アクシオン・ディレクト」のテロリストの主張に見られるように、誤った情報や悪意に基づいて、ICPOが個人の安寧と私的生活を危険にさらし、市民の権利や民主主義を脅かす、帝国主義の手先であると断言したり、その解体を求めたりする者はあとを断たない。しかし、ICPOは憲章により国家の監視下に置かれているうえ、さまざまな主体が組織の歯車を回していて、全体主義的な利用は不可能である。活動に要する費用が少額であり（予算は増加してはいるが、それでも大規模とはいえない）、事務総局の職員数も少ないながら、国際犯罪対策において輝かしい成果を挙げ、国家主権を尊重するこの組織は、政府間機関として国家の高い関心を集めており、その任務においてめったにないほどの信頼を勝ち得ている。

とはいえ、その現状は満足のいく、最終的なものとはいいがたい。現実には、超国家的とも言える国際犯罪網が急速に組織化していくなかでは、国際刑事警察の発展が急務である。ICPOの加盟各国がよりいっそうの任務をＩＣＰＯに与え、その遂行のための手段を備えさせることは不可能ではない。専門家のなかには、将来的には二十一世紀中に国家主権の一部が委譲され、インターポール警察官学校が創設されるとまで予測する者もいるのである。

訳者あとがき

犯罪の国際化が進むなか、日本でも犯罪情勢の変化が日常生活のなかで実感されるようになり、安全の確保や犯罪対策への関心は高まる一方である。国際犯罪対策における日本警察とインターポール（国際刑事警察機構、以下ＩＣＰＯ）との関係もますます深まっているが、国内警察と異なりＩＣＰＯの活動は直接市民の目に触れる機会がなく、ＩＣＰＯに関する日本語の書籍やメディアの報道も少ないため、日本国内でのＩＣＰＯに対する認識は、はなはだ心もとないのが実情である。

本書は、ＩＣＰＯ本部のあるフランスで出版された Marc Lebrun, *Interpol* (Coll.« Que sais-je? » n°3250, P.U.F, Paris, 1997) の全訳である。著者マルク・ルブランはパリ第五大学で危機管理を専門に学んだジャーナリストで、歴史にも造詣が深い。国際犯罪の変遷や国際政治史を踏まえた解説は、平易ではあるが充実した内容となっており、ＩＣＰＯの歴史、組織形態、活動内容などについてまとまった知識を求めるには格好の一冊である。

ただし、日本警察とICPOとの関係については、原書にはほとんど言及がない。翻訳版の刊行にあたって、この点を補足しておきたい（以下数字は警察庁資料による）。

日本は、一九五二年にICPOの前身であるICPC（国際刑事警察委員会）に加盟した。一九六七年には、第一回アジア地域会議と第三六回ICPO総会（アジアでは初の総会）を京都で開催している。その前年の六六年には東京無線局を開局してICPO通信網に加入し、七〇年にそれまでマニラにあったアジア地域通信網の地域局が東京に移転し、現在ではアジア地域加盟国四五カ国の通信の中継局としての役割を担っている。また、職員の派遣は七五年から始まっている（二〇〇四年現在では四名）。執行委員会への選出は六七年を皮切りにして計八回であるが、そのうち九〇年から九三年にかけて副総裁（川田晃）、九六年から二〇〇〇年にかけて総裁（兼元俊徳）のポストを得ており、積極的に組織運営に参加しているといえよう。財政面では、分担金の額は米国に次いで第二位である。ICPOの予算は分担金（全体の八〇パーセント強）と寄付金などから構成されているが、二〇〇三年を例に取れば、ICPO予算（約四六億円）のうちの八パーセント弱にあたる約二億五〇〇〇万円を拠出している。国家中央事務局となっているのは警察庁で、事務を行なっているのは組織犯罪対策部国際捜査管理官である。

犯罪対策の現場でも、ICPOを通じた各国との情報交換は年々増加しており、二〇〇三年の例では日本からの発信は二八三一件、外国からの受信は一万二九〇三件にのぼっている。実際に捜査共助を行った件数はこれより少ないが、それでも外国からの要請による共助はＩＣＰＯルートが九八五件（外交ルートは一三件）、日本から要請を行なった件数はＩＣＰＯルートが八一七件（外交ルートは一〇件）と、ＩＣＰＯを介した各国とのやり取りが日常的に行なわれていることがわかる。

著者の言うように、犯罪は社会の属性である。社会の国際化は犯罪の国際化を伴う。本書が、国際化社会を生きる人々にとって、ＩＣＰＯそして国際犯罪対策に対する認識を深める一冊となることを願う。

最後に、本書の翻訳のきっかけを作って下さった『ル・モンド・ディプロマティーク』日本語・電子版の斎藤さん、編集にあたってくださった白水社の和久田さん、中川さん、完成まで協力してくれた夫と幼い娘に、心より感謝申し上げます。

二〇〇五年九月

北浦春香

参考文献

Bellemare P. et Antoine J., *Les dossiers d'Interpol*, Paris, éd. n°1, 1979.
Bresler F., *Interpol*, Paris, Presses de la Cité, 1993.
Bossard A., *La criminalité internationale*, Paris, PUF., coll. « Que sais-je? », 1988.
Greilsamer L., *Interpol, Le siège du soupçon*, Paris, Alain Moreau, 1986.
Greilsamer L., *Interpol, policiers sans frontières*, Paris, Fayard, 1997.（上記の著書を改訂・増補したうえでの再版）

参考文献の補足
（訳者によるもの）

Malcolm Anderson, *Policing the world : Interpol and the politics of international police co-operation*, Oxford, Clarendon Press, 1989 (New York, Oxford University Press, 1989).
Michael Fooner (Criminal justice and public safety), *Interpol : issues in world crime and international criminal justice*, New York, Plenum Press, 1989.
川田晃『国際犯罪と戦う：インターポール警察局長体験記』，サイマル出版会，1993年.
河田毅『名画盗難事件が教えるもの』，近代文芸社，1993年.

関連ウェブサイト

国際刑事警察機構事務局　http://www.interpol.int/
警視庁による国際刑事警察機構の概要紹介　http://www.upa.go.jp/interpol/

訳者略歴
一九七四年　東京生まれ
東京大学法学部卒
外務省勤務を経て、フランスに留学。
パリ国立美術学校・ストラスブール大学にて美術を学ぶ。
食や健康、教育にも関心が高く、アロマテラピーアドバイザーの資格も活かし、帰国後は幅広い分野で翻訳にあたっている。
『ル・モンド・ディプロマティーク』日本語・電子版、有志スタッフ。

インターポール
国際刑事警察機構の歴史と活動

二〇〇五年一〇月一〇日　印刷
二〇〇五年一〇月三〇日　発行

訳者 ©　北《きた》浦《うら》春《はる》香《か》
発行者　川村雅之
印刷所　株式会社平河工業社
発行所　株式会社白水社
東京都千代田区神田小川町三の二四
電話　営業部〇三（三二九一）七八一一
　　　編集部〇三（三二九一）七八二一
振替　〇〇一九〇―五―三三二二八
郵便番号一〇一―〇〇五二
http://www.hakusuisha.co.jp
乱丁・落丁本は、送料小社負担にてお取り替えいたします。

製本：平河工業社

ISBN4-560-50893-3
Printed in Japan

文庫クセジュ

哲学・心理学・宗教

1 知能
13 実存主義
25 マルクス主義
107 世界哲学史
114 プロテスタントの歴史
149 カトリックの歴史
193 哲学入門
196 道徳思想史
199 秘密結社
228 言語と思考
252 神秘主義
326 プラトン
342 ギリシアの神託
355 インドの哲学
362 ヨーロッパ中世の哲学
368 原始キリスト教
374 現象学
400 ユダヤ思想
415 新約聖書
417 デカルトと合理主義
438 カトリック神学
444 旧約聖書
459 現代フランスの哲学
461 新しい児童心理学
468 構造主義
474 無神論
480 キリスト教図像学
487 ソクラテス以前の哲学
499 カント哲学
500 マルクス以後のマルクス主義
510 ギリシアの政治思想
519 発生的認識論
520 アナーキズム
525 錬金術
535 占星術
542 ヘーゲル哲学
546 異端審問
558 伝説の国
576 キリスト教思想
592 秘儀伝授
594 ヨーガ
607 東方正教会
625 異端カタリ派
680 ドイツ哲学史
697 オプス・デイ
704 トマス哲学入門
707 仏教
708 死海写本
710 心理学の歴史
722 薔薇十字団
723 インド教
726 ギリシア神話
733 死後の世界
738 医の倫理
739 心霊主義
742 ベルクソン
745 ユダヤ教の歴史
749 ショーペンハウアー
751 ことばの心理学

文庫クセジュ

754 パスカルの哲学
762 キルケゴール
763 エゾテリスム思想
764 認知神経心理学
768 ニーチェ
773 エピステモロジー
778 フリーメーソン
779 ライプニッツ
780 超心理学
783 オナニズムの歴史
789 ロシア・ソヴィエト哲学史
793 フランス宗教史
802 ミシェル・フーコー
807 ドイツ古典哲学
809 カトリック神学入門
818 カバラ
835 セネカ
848 マニ教
851 芸術哲学入門
854 子どもの絵の心理学入門
862 ソフィスト列伝
863 オルフェウス教
866 透視術
874 コミュニケーションの美学
880 芸術療法入門
881 聖パウロ

文庫クセジュ

歴史・地理・民族（俗）学

18 フランス革命
62 ルネサンス
116 英国史
133 十字軍
160 ラテン・アメリカ史
191 ルイ十四世
202 世界の農業地理
245 ロベスピエール
297 アフリカの民族と文化
309 パリ・コミューン
338 ロシア革命
351 ヨーロッパ文明史
353 騎士道
382 海賊
412 アメリカの黒人
418〜421 年表世界史
428 宗教戦争
446 東南アジアの地理
454 ローマ共和制
458 ジャンヌ・ダルク
484 宗教改革
491 アステカ文明
506 ヒトラーとナチズム
528 ジプシー
530 森林の歴史
536 アッチラとフン族
541 アメリカ合衆国の地理
557 ジンギスカン
566 ムッソリーニとファシズム
567 蛮族の侵入
568 ブラジル
574 カール五世
586 トルコ史
590 中世ヨーロッパの生活
597 ヒマラヤ
602 末期ローマ帝国
604 テンプル騎士団
610 インカ文明
615 ファシズム
629 ポルトガル史
636 メジチ家の世紀
648 マヤ文明
660 朝鮮史
664 新しい地理学
665 イスパノアメリカの征服
669 新朝鮮事情
675 フィレンツェ史
684 ガリカニスム
689 言語の地理学
705 対独協力の歴史
709 ドレーフュス事件
713 古代エジプト
719 フランスの民族学
724 バルト三国
731 スペイン史
732 フランス革命史
735 バスク人
743 スペイン内戦
747 ルーマニア史

文庫クセジュ

752 オランダ史
755 朝鮮半島を見る基礎知識
757 ラングドックの歴史
758 キケロ
760 ヨーロッパの民族学
766 ジャンヌ・ダルクの実像
767 ローマの古代都市
769 中国の外交
781 カルタゴ
782 カンボジア
790 ベルギー史
791 アイルランド
806 中世フランスの騎士
810 闘牛への招待
812 ポエニ戦争
813 ヴェルサイユの歴史
814 ハンガリー
815 メキシコ史
816 コルシカ島
819 戦時下のアルザス・ロレーヌ
823 レコンキスタの歴史
825 ヴェネツィア史
826 東南アジア史
827 スロヴェニア
828 クロアチア
831 クローヴィス
834 プランタジネット家の人びと
842 コモロ諸島
853 パリの歴史
856 インディヘニスモ
857 アルジェリア近現代史
858 ガンジーの実像
859 アレクサンドロス大王
861 多文化主義とは何か
864 百年戦争
865 ヴァイマル共和国
870 ビザンツ帝国史
871 ナポレオンの生涯
872 アウグストゥスの世紀
876 悪魔の文化史
877 中欧論
879 ジョージ王朝時代のイギリス
882 聖王ルイの世紀
883 皇帝ユスティニアヌス

文庫クセジュ

自然科学

24 統計学の知識
60 死
110 微生物
165 色彩の秘密
280 生命のリズム
424 心の健康
435 向精神薬の話
609 人類生態学
694 外科学の歴史
701 睡眠と夢
761 薬学の歴史
770 海の汚染
794 脳はこころである
795 インフルエンザとは何か
797 タラソテラピー
799 放射線医学から画像医学へ
803 エイズ研究の歴史
830 宇宙生物学への招待
844 時間生物学とは何か
869 ロボットの新世紀
875 核融合エネルギー入門
878 合成ドラッグ
884 プリオン病とは何か

文庫クセジュ

社会科学

文庫クセジュ

語学・文学

28 英文学史
185 スペイン文学史
223 フランスのことわざ
258 文体論
266 音声学
407 ラテン文学史
453 象徴主義
466 英語史
489 フランス詩法
498 俗ラテン語
514 記号学
526 言語学
534 フランス語史
538 英文法
579 ラテンアメリカ文学史
598 英語の語彙
618 英語の語源
646 ラブレーとルネサンス
690 文字とコミュニケーション
706 フランス・ロマン主義
711 中世フランス文学
712 意味論
714 十六世紀フランス文学
716 フランス革命の文学
721 ロマン・ノワール
729 モンテーニュとエセー
730 ボードレール
741 幻想文学
753 文体の科学
774 インドの文学
775 ロシア・フォルマリズム
776 超民族語
777 文学史再考
784 イディッシュ語
788 語源学
800 ダンテ
817 ゾラと自然主義
822 英語語源学
829 言語政策とは何か
832 クレオール語
833 レトリック
838 ホメロス
839 比較文学
840 語の選択
843 ラテン語の歴史
846 社会言語学
855 フランス文学の歴史
868 ギリシア文法
873 物語論